ユーロと国債デフォルト危機

代田　純[著]

税務経理協会

はしがき

　本書は，ユーロ圏の財政危機と国債デフォルト危機について，また銀行への影響を分析したものである。さらには，ユーロ圏との比較で，我が国の銀行と国債保有について検討した。

　まず，ユーロに関する基本的な考えを要約しておこう。本書にはユーロ不安という表現と，ユーロ危機という表現が併存している。2010年から2011年12月までのユーロは，大枠ではユーロ不安であるが，局面的にはユーロ危機と呼ぶに値すると考える。ユーロ参加国の財政危機の深化，国債利回り上昇，ユーロの下落等に対し，EFSF（欧州金融安定化基金）積み増しやECB国債買いオペが実施されても，出口が見えない状態が続いている。これはユーロ不安という事態である。しかし，局面的にはユーロの暴落に近い事態が発生している。2011年の5月や10月に，そして2012年年明けにユーロは急落した。これはユーロ不安を通り越し，ユーロ危機であろう。

　しかし，ギリシャやドイツのユーロ脱退という事態が発生する可能性は，ゼロではないにせよ，かなり小さいと見ている。ユーロに加盟して得たメリットが大きかったことは，誰よりもギリシャ国民が体感している。ユーロ建て長期金利低下の恩恵をギリシャ国民は享受してきた。ギリシャが自主的にユーロから離脱する可能性は極めて小さい。また本書で明らかにしたように，独仏など主要銀行による，ギリシャ国債保有のみならず，ギリシャ向け等民間貸出残高は莫大である。ギリシャをユーロ圏から「追放」することも，独仏にとって選択可能なオプションにはない。またEC設立以来50年以上の歴史を振り返れば，ドイツがユーロから離脱するシナリオも描きにくい。また実務的な観点からも，ユーロをギリシャ・ドラクマや独マルクに戻すことは，多大な労力とコストを必要とする。

　しかし，EFSFの上限をいくら引き上げても，買いオペを開始しても，問題

の一時的（一瞬的）解決にはなろうが，根本的解決策にはならないだろう。ユーロ参加国の財政危機を改善できないからである。またECBが国債買いオペを増額しても，やはり根本的解決にはならないだろう。財政危機が続くかぎり，国債が発行され，利払い費負担が増加し，国債デフォルト懸念が継続するからである。ユーロ圏の共同債発行構想も，発行主体が明確化されないかぎり，現実性に乏しい。現在のユーロ不安やユーロ危機といった事態を解決するためには，ユーロ参加国国家財政危機の打開や，ユーロ参加国の共通財政創出といった方向性が望まれる。

　EU加盟国は共通財政を有している。EC時代からの対外共通関税，農業課徴金，各国付加価値税の1％拠出等によって歳入をまかなってきた（詳しくは第2章参照）。共通財政の支出は古くは農業補助金中心であったが，現在は構造（格差是正）基金等の支出が増加している。構造基金は，我が国の地方交付税交付金や国庫支出金に近く，高所得国（独仏等）から低所得国への所得移転となっている。ユーロ不安の解決策として，各国国家財政からEU共通財政への拠出を引き上げ，共通財政を「EU（ユーロ）合衆国」の国家財政として強化していくことがありうる。いわばギリシャやドイツの個別国家財政は，EU（ユーロ）合衆国の地方財政と位置付けられる。しかし現状では，EUの共通財政はGDP比1％程度の規模でしかないが，当面数％に引き上げることが一考だろう。

　もちろん，EU共通財政の強化には，イギリスをはじめとして，ユーロ未参加国が反対することが予想される。このため，単純にEU共通財政を強化するのではなく，EU共通財政を基礎として，ユーロ圏共通財政を開始する，二層構造の共通財政を形成することも考えられる。

　通貨発行権は中央銀行に固有の業務であり，その中央銀行は（少なくとも歴史的には）「政府の銀行」として，近代国民国家の構成要素となってきた。通貨発行権と中央銀行は国家の一部であった。したがって，ユーロ導入により，通貨発行権と中央銀行を参加国の国家から切り離したので，徴税権をはじめ，財政権限も共通財政に委譲されていくべきである。こうした方向性が示されれ

ば，ユーロ不安もしくは危機は小康状態に戻るのではないか。

とはいえ，足元を見れば，ギリシャ国債の50％元本削減など，ギリシャ国債の実質的デフォルトは避けられないと見ている。本書第4章で詳しくは述べるが，ギリシャの財政赤字額はIMF・ギリシャ政府が想定した赤字額を2011年に入っても超過している。したがって，IMF・EUの支援にもかかわらず，ギリシャは国債の元利払いに対応できない可能性が高まっている。この可能性を回避するため，民間の投資家（銀行中心）が「自発的」に元本の50％を放棄するという合意が成立した。しかし現状では，国際金融協会（IIF，国際的な銀行の業界団体）が合意に応じた，ということであり，個別銀行の対応は不明である。また「自発的」な放棄であり，CDS（クレジット・デフォルト・スワップ）は適用されないこととなった。すなわち，CDSを保険商品として購入したが，保険が適用されないこととなった。金融市場での混乱が予想される。

ユーロ圏の事態よりも，実は潜在的には日本がより深刻である，ということが本書のさらなる主張である。ユーロ圏の銀行は，個別銀行の程度はともかく，全体としては総資産の5％程度を国債としている。しかし，日本の銀行は，全体としても，総資産の20％程度が国債である。さらに銀行の国債保有を対自己資本比率で見ると，日本がはるかに深刻である。今のところ，日本の国債は利払い遅延や元本削減といった懸念はないが，低クーポン債が多く，長期金利が上昇した場合，国債価格下落は巨額となろう（詳しくは第7章参照）。

筆者の年齢から考えて，本書が最後の単著となるかもしれない。若干，個人的なことを書き記しておきたい。筆者は中学・高校と私立の一貫校に通い，経済的には不自由なく育った。しかし，大学2年のころ，父が会社を退職し（今で言うリストラ。1977年であり，オイルショックの影響），経済環境は激変した。家計は無収入に近い状態となり，大学の厚生課に奨学金を申請に行き，大学職員から，「この収入でよく生活できるね。」と言われたことを思い出す。筆者が大学院に進学し，できれば将来は研究教育職に就きたい，と考えた時，家計の経済状態は非常に厳しいものであった。父に，大学院に進学したい旨を言ったところ，「学費はだせないが，それでよいなら。」と言われた。学部学生時代か

ら，大学院博士課程まで，病院や学校で夜警のアルバイトが続いた。この生活がいつ終わるのか，と不安と焦燥感にかられた日々であった。

その日々から30年程度経過し，どうにか研究教育職に就き，今日まで18年間の大学教員生活で，複数の著書を出版できたことは，大学の恩師や先輩学兄，勤務先の大学や研究所の先輩学兄のおかげである。個別のお名前を挙げはしないが，深く感謝したい。

筆者は修士課程でイギリスの財政と国債に関し，研究をスタートさせた。1991年に㈶日本証券経済研究所大阪研究所に研究員として採用され，1993年にはロンドンに短期間ながら滞在した。その成果は『現代イギリス財政論』や『ロンドンの機関投資家と証券市場』となった。

1994年に立命館大学国際関係学部に助教授として採用され，1996年同学部に在職中，科学研究費補助金（国際学術交流，代表：吉成大志立命館大学教授，故人）により，ハンガリー，ポーランド，スロベニア等中東欧地域を回り，イギリス研究からヨーロッパ研究に視野が広がった。さらに1997年にドイツ・ミュンヘン大学に客員教授として，1年間滞在し，EU研究に引き込まれた。1997年には，ミュンヘンを起点として，オーストリア，チェコ，スロバキア，スペイン，ポルトガル，スウェーデンなどを訪問した。2002年に駒澤大学に移って以降も，2006年にクロアチア，2010年にはノルウエーを訪問する機会を得た。

本書をまとめる過程で，証券経済学会，中央大学経済研究所の国際金融研究会（主査：田中素香教授），同じくヨーロッパ金融研究会，公益財団法人・日本証券経済研究所には報告や質疑の機会をいただき，深く感謝したい。税務経理協会の新堀博子さんには構想段階からお付き合いいただいた。また2011年夏には，トルコ，ギリシャ，ブルガリアを訪問し，現地の空気を吸い，本書を仕上げたことを付記しておきたい。

   2011年12月

                                  代　田　　純

目 次

はしがき

第1章 ユーロ圏と財政危機の背景

1　はじめに……………………………………………………………… 1
2　EU統合とユーロの歴史…………………………………………… 3
3　インフレ動向と周辺国財政……………………………………… 8
4　銀行の国債保有…………………………………………………… 14
5　まとめに代えて…………………………………………………… 17

第2章 金融危機の発生と危機対応

1　はじめに…………………………………………………………… 21
2　EUの共通財政とユーロ導入…………………………………… 22
3　EU共通財政の歴史と現状……………………………………… 26
4　公的金融による共通財政の補完………………………………… 31
5　金融危機と公的金融……………………………………………… 35
6　まとめに代えて…………………………………………………… 41

第3章 金融危機の中東欧への波及と現状

1　はじめに…………………………………………………………… 45
2　ユーロ圏での貸出動向…………………………………………… 46
3　ユーロ圏での企業金融…………………………………………… 49
　（1）　大企業と中小企業金融 ………………………………… 49

（2）　ドイツの大企業と金融子会社………………………………………… 54
　4　非居住者向け貸出の急増と不良債権………………………………………… 55
　　　（1）　オーストリア系銀行の動向………………………………………… 58
　　　（2）　エルステ銀行の場合………………………………………………… 60
　　　（3）　ドイツ系銀行の動向………………………………………………… 62
　　　（4）　中東欧における銀行………………………………………………… 63
　5　欧州系銀行の損失と自己資本比率…………………………………………… 66
　　　（1）　銀行貸出の償却・証券評価損益…………………………………… 66
　　　（2）　不良債権の自己資本への影響……………………………………… 67
　6　まとめに代えて………………………………………………………………… 68

第4章　ギリシャの財政危機と欧州系銀行の国債保有

　1　はじめに………………………………………………………………………… 73
　2　ユーロ圏とギリシャの財政危機……………………………………………… 74
　　　（1）　最適通貨圏とギリシャ……………………………………………… 74
　　　（2）　ギリシャ財政危機と国債償還問題………………………………… 76
　3　ギリシャの財政収支構造……………………………………………………… 80
　　　（1）　税収の構造…………………………………………………………… 80
　　　（2）　歳出と利払い………………………………………………………… 83
　　　（3）　公務員給与と年金の削減…………………………………………… 83
　　　（4）　財政再建計画………………………………………………………… 85
　4　ユーロ圏の銀行を取り巻く環境……………………………………………… 87
　　　（1）　ユーロ圏の銀行と国債保有………………………………………… 87
　　　（2）　ギリシャ国内銀行と不良債権の増加……………………………… 89
　　　（3）　ギリシャ国内銀行のバランス・シート…………………………… 92
　5　独仏への資金依存と国債保有………………………………………………… 95
　　　（1）　BIS統計とギリシャ向け債権……………………………………… 95

　　　　　　　　　　　　　　　　　　　　　　　　目　次

　　（2）　独仏系銀行と国債保有の開示 ………………………………… 98
　6　まとめに代えて…………………………………………………… 100

第5章　スペイン，アイルランド，ポルトガルの財政危機とユーロ不安

　1　はじめに…………………………………………………………… 103
　2　金融危機と財政赤字の急拡大…………………………………… 104
　3　住宅バブルとその破裂…………………………………………… 106
　4　税収構造の変化と資産取引……………………………………… 108
　5　失業率の上昇と社会保障支出増加……………………………… 110
　6　国債の償還額と外国人保有……………………………………… 113
　7　主要銀行による国債保有………………………………………… 116
　8　トルコのEU加盟問題と財政赤字……………………………… 120
　9　まとめに代えて…………………………………………………… 122

第6章　ユーロ不安と欧州系銀行の資金調達リスク

　1　はじめに…………………………………………………………… 125
　2　最適通貨圏の条件と現状………………………………………… 126
　3　ユーロ不安の背景………………………………………………… 126
　　（1）　ユーロ加盟国の経済格差 …………………………………… 127
　　（2）　ユーロ圏拡大のペース ……………………………………… 127
　　（3）　銀行の資金調達とホールセール依存 ……………………… 128
　　（4）　共通財政の制約と南欧 ……………………………………… 130
　4　2010年以降のユーロ不安 ……………………………………… 131
　　（1）　財政赤字の拡大と国債利回り上昇 ………………………… 131
　　（2）　EU・ECBの対応 …………………………………………… 133

3

5　周辺国（Periphery）の国債と銀行業 …………………………… 138
　（1）　国債の保有構造 ……………………………………………… 138
　（2）　主要国銀行の国債保有 ……………………………………… 141
6　欧州系銀行の資金調達構造 ………………………………………… 146
　（1）　資金調達とホールセール依存 ……………………………… 146
　（2）　ホールセール市場と新しいリスク ………………………… 148
7　まとめに代えて ……………………………………………………… 151

第7章　金融危機以降の邦銀と国債保有
　　　　　——ユーロからの警鐘

1　はじめに ……………………………………………………………… 155
2　金融危機以降における貸出の減少 ………………………………… 156
3　不良債権の現状と自己資本比率規制 ……………………………… 159
　（1）　不良債権の現状 ……………………………………………… 159
　（2）　自己資本比率規制 …………………………………………… 161
4　邦銀の有価証券運用 ………………………………………………… 163
　（1）　都銀による株式売却 ………………………………………… 163
　（2）　地銀と地方債 ………………………………………………… 165
　（3）　増加する銀行の国債保有 …………………………………… 167
5　まとめに代えて ……………………………………………………… 174

参 考 文 献 ……………………………………………………………… 177
索　　　引 ……………………………………………………………… 183

第1章

ユーロ圏と財政危機の背景

1 はじめに

　本章では，EU統合とユーロ導入の歴史を振り返り，南欧諸国を中心とする周辺国の財政危機の背景を検討する。[1] さらに財政危機によって，周辺国の国債は危機に直面しているが，国債の危機によって銀行を中心とする金融セクターに与える影響を検討する。

　以下で明らかにするように，EU統合とユーロ導入は長い歴史を有しており，また単なる経済問題ではなく，政治的な色彩が強い。歴史を振り返れば明らかなように，従来からもEU統合とユーロは多くの苦難を乗り越えてきた。したがって，一時的な後退が生まれても，やがてEU統合とユーロ拡大が強まることとなろう。

　グローバライゼーションは，国民国家の枠組みを弱め，内外価格差，賃金格差，金利格差を収斂させる傾向を持つ。すなわち，高価格（高賃金）国では物価低下（もしくは低インフレ率）バイアスがかかり，低価格（低賃金）国では物価上昇（もしくはインフレ率上昇）バイアスが生まれる。同時に，高金利国では金利が低下するバイアスが生まれる。こうした内外価格差（労働力の価格としての賃金，資本の価格としての金利を含む）のハーモナイゼーションは，グローバライゼーションに伴う，商品移動の活発化（貿易の増加），労働力移動や海外投資（証券投資，直接投資）の増加を背景としている。ユーロ圏では通貨建てがユーロ建てで共通しており，価格差収斂のバイアスがより強い，と見られる。

1

ユーロ圏で低価格国は南欧等の周辺国を中心としていた。1999年のユーロ導入時点でも、南欧等の周辺国の物価水準はEU平均に比べ低く、ユーロ導入以降インフレ圧力が強まった。また周辺国では賃金も上昇し、長期金利は低下した。こうした価格動向は財政構造も規定し、年金や公務員人件費を中心とする歳出に膨張圧力がかかった。しかし、歳出に比べ、歳入はインフレ率ほど増加しなかった。周辺国ではシャドーエコノミーと呼ばれる非正規経済の比重が高く、租税回避傾向が強く、徴税機構が整備されていなかったためである。他方で、周辺国で長期金利は低下し、さらにインフレ率を差し引いた実質長期金利は著しく低下したため、国債発行が容易になった。

　しかし2008年の金融危機以降、環境は激変した。周辺国の長期金利が上昇し、長期国債の発行が困難になった。このため、国債発行は短期債中心となった。ところが、短期債中心の国債発行は、恒常的な償還・借換問題をもたらした。2008年以降、2～3年債中心に国債が発行されたため、2011年以降、償還・借換問題に直面している。EUとIMFの緊急融資で、償還問題が先送りされている。

　ギリシャなど周辺国の国債がデフォルトした場合、国債保有の中心はEUやユーロ圏の銀行と見られ、金融システムへの影響が懸念されている。ユーロ圏の銀行のバランス・シートで国債（独仏などの国債を含む）は5％程度であり、国債のデフォルトが発生しても、自己資本で吸収可能と見られる。しかし、個別行で見ると、コアTier1を国債保有額が上回る銀行が多い。また周辺国への対民間与信は大きく、国債がデフォルトした場合、対民間与信へ影響が深刻化する可能性がある。2011年現在、周辺国の財政危機と銀行セクターへの影響が問題である。同時に、銀行への公的資金注入が拡大すれば、財政赤字の増加が確実視される。このため銀行セクターのリスクにより、国債利回りが上昇する側面も見逃すべきではない。

2　EU統合とユーロの歴史

　EU統合は長い歴史を持っている。図表1－1は，EU統合の歴史を概略で示している。第一次世界大戦から第二次世界大戦と，欧州は戦争の主舞台となった。第一次大戦では，ドイツ，オーストリア＝ハンガリー帝国（現在のルーマニア，ブルガリアを除く中東欧地域全体）が同盟国の中心となり，後にオスマン帝国（トルコ），ブルガリアが加わった。連合国は英仏を中心とし，ロシア，イタリアも加わった。第一次大戦後，ドイツは実質的に敗北し，巨額の賠償金を課されたが，フランスは強行に賠償金支払を要求し，1923年にフランスはベルギーとともに，ドイツのルール地方を占領した。ドイツのルール地方は炭鉱地域であり，石炭による賠償金支払問題が背景にあった。また1935年，ドイツ・ナチスはザール地方（独仏の国境に近い，炭鉱地帯）をドイツに編入した。ドイツはザール地方の石炭収入でフランスに賠償金を支払っていた。以上のように，第一次大戦後，ドイツに課された賠償金問題は石炭（炭鉱）と密接に関連し，第二次大戦の背景となっていた。第二次大戦は1939年にドイツがポーランドに侵略し，英仏が宣戦することで開始された。枢軸国は独伊（日）であったが，フィンランド，ハンガリー，ルーマニア，ブルガリアなども枢軸国につき，一時は仏，ギリシャ，旧ユーゴスラビア，ポーランド，ノルウエー，旧ソ連の一部も占領した。しかし，1945年5月，ドイツは無条件降伏した。

　第一次大戦後，ドイツの賠償金支払問題がドイツ経済の疲弊を招き，ナチスの台頭をもたらし，第二次大戦の背景となった。そしてドイツは賠償金を石炭収入によって支払おうとし，石炭・炭鉱などエネルギー問題が第二次大戦の遠因となった。1951年4月に，欧州石炭鉄鋼共同体（ECSC）が成立し，また1957年に欧州原子力共同体（EURATOM）が成立し，エネルギー問題を軸に欧州統合が開始されたのは，以上のような戦争への反省と言われる。[2]

図表1-1　EU統合とユーロの歴史

1951年4月	欧州石炭鉄鋼共同体を設立する条約が調印
	ベネルクス，独仏伊6カ国　高所得国中心
1957年3月	ローマ条約（欧州共同体を設立する条約）が調印
	欧州経済共同体，欧州原子力共同体が設立
1960年代	域内相互関税の撤廃
1973年1月	デンマーク，イギリス，アイルランド加盟
1979年	欧州議会の直接選挙開始
1981年	ギリシャ加盟
1986年	スペイン，ポルトガル加盟
	周辺国諸国は1970～1980年代に加盟　恩恵を享受
1987年7月	単一欧州法が発効　域内市場の達成に向けて必要な準備・手続き
1992年2月	マーストリヒト条約（EU，欧州連合条約）調印
	財政赤字の対GDP比率3％以下　累積財政赤字の対GDP比率60％以下
1995年	オーストリア，フィンランド，スウエーデン加盟
1999年1月	ユーロの流通開始
2002年1月	ユーロ紙幣と硬貨が一般で流通開始（12カ国）
	ユーロ12カ国（原加盟6＋周辺国4＋オーストリア，フィンランド）
2004年	10カ国EU加盟（中東欧，バルト諸国等）EU25カ国
2007年1月	ブルガリア，ルーマニアEU加盟　EU27カ国，スロベニア　ユーロ導入
2008年1月	キプロス，マルタがユーロ導入　ユーロ15カ国で流通
2008年10月	金融危機で独仏銀行へ公的資金注入
2008年11月	EU，金融危機で総額2,000億ユーロの景気対策
2009年1月	スロバキアがユーロ導入　ユーロ16カ国で流通
2009年10月	ギリシャ政権交替　2008年の財政赤字を3％から7.7％へ修正
2010年5月	EU／IMF　ギリシャ向け第一次支援1,100億ユーロ合意
	EU　総額7,500億ユーロ（EFSF4,400億ユーロ，IMF2,500億ユーロ含む）支援
2010年10月	アイルランド向け支援850億ユーロで合意
2011年1月	エストニアがユーロ導入　ユーロ17カ国で流通
2011年3月	EU2013年以降ESM（欧州版IMF，EFSFに代替）5,000億ユーロで合意
2011年5月	ポルトガル向け支援策780億ユーロで合意
2011年6月	ギリシャへの追加支援を検討　ドイツ　民間負担を要求
2011年7月	EFSFの貸付上限引上げ，国債買取りで合意
	ギリシャ向け第二次追加支援1,090億ユーロで合意
2011年10月	デクシア　経営破綻　1ユーロ103円台へ下落

（出所）筆者作成

第1章　ユーロ圏と財政危機の背景

　1960年代には，EC域内では相互関税が撤廃され，EC域内貿易が増加した。1973年には，イギリス，デンマーク，アイルランドが加盟したが，イギリスも経済的に衰退し，対米貿易よりも対EC貿易に期待していた。また1960年代から1970年代にかけては，世界は冷戦構造であった。このため，第二次大戦で枢軸国側であった，ハンガリー，ルーマニア，ブルガリアも含め，東欧諸国は旧ソ連の影響下に置かれ社会主義国となり，ワルシャワ条約機構などで，米主導の北大西洋条約機構（NATO）と対抗した。ドイツは第二次大戦後，西ドイツと東ドイツ（旧社会主義国）に分割され，ベルリンの壁による分割は89年まで継続した。

　1970年代前半までスペイン，ポルトガル，ギリシャといった南欧の周辺国は軍事独裁政権であった。ポルトガルは1974年にクーデタで独裁政権が倒され，植民地も独立した。スペインではフランコ独裁政権が1975年に崩壊し，1978年に新憲法が施行された。ギリシャでは1967年以降，軍事政権であったが，1974年にキプロス（2011年現在，国連平和維持軍が配置され，南北に分割。ユーロに加盟するキプロスは南地域。）をめぐるトルコとの紛争も一因となり，崩壊した。これら三国で民主制が定着したのは，1970年代後半であった。[3]

　こうした国内政治の変化もあり，1981年にギリシャが，1986年にスペインとポルトガルがECに加盟した。これ以降，南欧の周辺国はEC（EU）共通財政による農業補助金等で恩恵を享受することとなる。またドロール・パッケージで，農業補助よりも地域間の不均衡を是正するため構造基金が重視されるようになり，ここからも南欧の周辺国は恩恵を受けてきた。しかし，2004年に中東欧諸国10カ国が加盟し，南欧の受益者としての地位は低下することとなる。

　1992年にマーストリヒト条約が調印され，EU加盟国は財政赤字の対GDP比率3％以内，累積財政赤字の対GDP比率60％以内という制約が課された。国家の財政政策という，国家機能の中枢に関して，緩やかながらも制約が開始され，EU統合は新しい段階に入った。

　1995年にはオーストリア，フィンランド，スウェーデンがEUに加盟した。オーストリアは歴史的，文化的にもドイツと非常に近い。しかし独自に福祉国

家を形成してきた。フィンランドやスウェーデンがEUに加盟したことは注目された。財政政策に制約が生まれること、EU共通財政に拠出負担が発生すること、といった問題よりも、EUに加盟することで関税撤廃等の恩恵が大きかったと見られる。

1999年には共通通貨ユーロが、ホールセール（法人）レベルで流通開始となった。ただし、この時点ではギリシャはユーロに参加しておらず、2011年現在で考えれば、ギリシャに参加を認めなければ、2010年以降のユーロ不安は発生しなかった可能性が高い。しかし2001年にはギリシャもユーロに参加することとなり、2002年からはギリシャも含め12カ国で、ユーロがリテールでも流通開始となった。独仏およびECBのこの時点での判断ミス（ギリシャを参加させたこと）が、2011年現在、大きな問題となった。

ユーロスタート時の判断ミスは、もうひとつあった。ECBの金利が、ドイツ連銀の政策金利を実質引き継ぐレベルに設定されたことである。すなわち、ギリシャのほか、スペイン、イタリア、ポルトガルは、ユーロ開始前まで、高インフレ・高金利国であったが、ユーロスタートによって、ドイツレベルの低金利が適用された。この金利水準が、スペインやアイルランドでの、住宅ブームとその崩壊を引き起こした主因であろう。

ただ、いずれにせよ、ユーロ開始によって、加盟国での金融政策は独自性を喪失した。ECBによって金融政策は一元化され、加盟国間でインフレ率格差や失業率格差が生まれても、加盟国は独自に対応できない。また中央銀行は、従来、「政府の銀行」という側面を持ち、国家の一部分を構成してきた。したがって、ユーロにより、加盟国の中央銀行が統合されたことは、金融面にせよ、国家の統合が開始されたことを意味する。

2004年に、中東欧諸国を中心に10カ国が一挙に加盟した。1960年代には、旧ソ連の影響下で、コメコンやワルシャワ条約機構により、社会主義陣営を構成し、EC諸国とも対立してきた中東欧諸国が加盟したことの意義は大きい。1989年にベルリンの壁が崩壊し、90年には東西ドイツが統一された。1991年にはソ連が崩壊し、ほぼ同時に中東欧での社会主義体制も崩壊した。社会主義が

崩壊した中東欧諸国は，EUに加盟することで，再生しようとしている。

　社会主義の崩壊により，中東欧で人権面など自由化が進み，また民主主義が導入されていることは望ましい。しかし，社会主義の崩壊は，少なくとも2つの問題を表面化させた。第一に，旧ソ連を中心とした社会主義体制下では抑制されていた，民族対立や人種間の紛争を引き起こしたことである。その一例は，1990年代における旧ユーゴスラビア解体，セルビアとコソボ問題であろう。この問題は，NATO軍が軍事行動にでたこともあり，EUの存在意義を問うこととなった。第二に，社会主義が掲げた，公平性や平等といった理念が後退し，資本の論理が前面にでて，効率性や利益至上主義が重視されるようになった。第二次大戦後，主要な先進国で政策目標となった福祉国家モデル（社会保障の充実，完全雇用の実現，所得格差是正等）も，資本主義が社会主義との対抗から形成したと言われる。しかし社会主義というライバルが消滅し，資本主義は利益至上主義となった。2011年現在，ユーロ不安と危機の背景には，行き過ぎた金融自由化やグローバル化があることは，否定できないであろう。

　2007年にはパリバ・ショックが，2008年にはリーマン・ショックが発生し，アメリカのサブプライム関連証券化商品を多く保有していた欧州系銀行も，多額の損失を計上した。第2章でも述べるように，ドイツ銀行やＵＢＳといった欧州を代表する銀行の収益構成において，アメリカの比重が著しく上昇していた。全体として，欧州やユーロ圏においても，企業の銀行貸出への需要は低迷し，資金運用面で有価証券の比重が上昇していた。証券化商品の運用で失敗した銀行が続出し，2008年10月には独ヒポ・レアルエステートに500億ユーロ，仏デクシアに64億ユーロ等々の公的資金が注入された。このほか，仏大手6行に105億ユーロ，独バイエルン州立銀行に54億ユーロ，独コメルツ銀行に82億ユーロといった公的資金が投入された。さらに問題は実体経済へも波及し，独ＢＭＷやＶＷ等大手自動車メーカーも公的な支援を要請した。[4] 自動車メーカーの金融子会社のCP（コマーシャル・ペーパー）発行が停止し，資金繰りが悪化したためである。金融危機対策として，EUや各国政府は付加価値税の減税措置等をとり，銀行へ公的資金を注入したため，各国財政赤字は拡大した。こ

うした2008年～2009年における金融危機と対応が,2010年以降の財政危機の序幕となった。

2007年から2011年にかけ,ブルガリア,ルーマニアがEUに加盟,スロベニア,エストニア等5カ国がユーロに参加した。中東欧諸国からのユーロ加盟は,ユーロ不安にもかかわらず,今後も続くであろう。第一に,中東欧諸国が独自通貨を継続すると,弱小通貨として,ヘッジ・ファンドに狙われやすく,介入により過大なコストが発生しやすい。第二に,中東欧諸国のユーロ未加盟通貨は金融市場で流通性を持っていない。これらの通貨は国内でのみ流通し,国外ではほとんど流通できない。海外からすれば,大きな制約であり,また直接投資誘致のうえでも桎梏となる。中東欧諸国のユーロ加盟希望は,今後も続くであろう。

3 インフレ動向と周辺国財政

グローバライゼーションは,国民国家内外での価格差,賃金(労働力価格)格差,金利(資本価格)格差を収斂させる傾向も持つ。すなわち,高価格国では物価下落(デフレ)圧力がかかり,低価格国では物価上昇(インフレ)圧力がかかる。同様に,高賃金国では賃金抑制バイアスがかかり,低賃金国では賃金上昇バイアスが働く。さらに,資本移動が活発化するため,金利も各国間で平準化する傾向を有し,高金利国では金利が低下しやすい。

以上のことは,アジア,アメリカ,日本でも進行しているが,ユーロ圏では一層強く働くと見られる。ユーロ圏では,国民国家が異なっていても,同じユーロ建てで価格が表示されるため,価格差が一目瞭然となるからである。ユーロ圏では為替レートによって,価格差が覆い隠されることはない。

図表1-2は,ユーロ圏の周辺国としてギリシャ,ユーロ圏の高価格国としてフィンランドの物価水準を,EU平均を100として,示している。1995年に,ギリシャの物価水準は,EU平均を100とした場合に,82.9であった。同様に,スペインは89.1,ポルトガルは83であった。ユーロ導入前には,ギリシャ

図表1-2　家計による最終消費の物価水準（間接税含む）

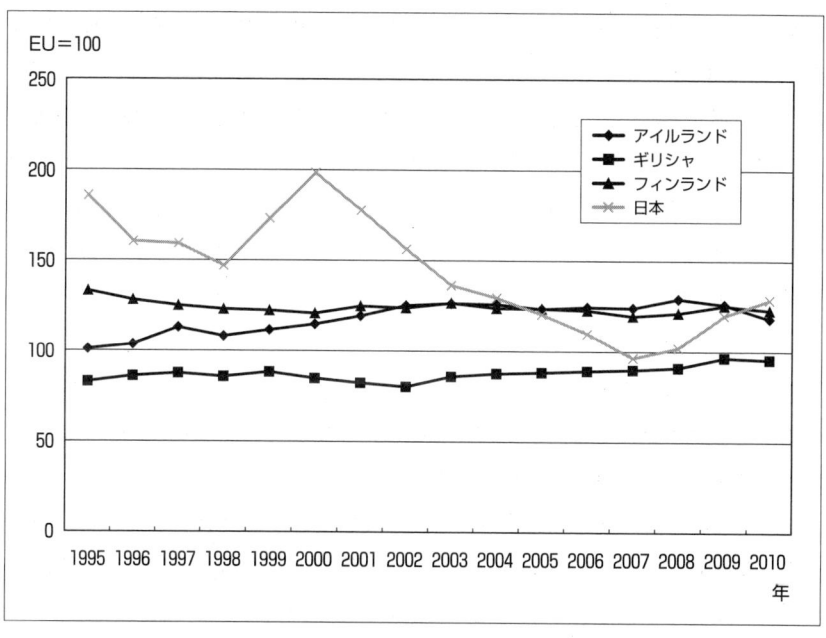

（出所）http://epp.eurostat から作成。

とポルトガルの物価水準はEU平均よりも17％ほど低く，スペインは11％ほど低かったことになる。しかしギリシャのインフレ率は高く，2002年には3.9％，2003〜2007年にも3％台，2008年には4.2％であった。この結果，2009年には，EU平均の物価水準100に対し，ギリシャは96.5となった。1995年から2009年の期間で，ギリシャの物価水準はEU平均にほぼ近づいていた。またギリシャほどではないにせよ，スペイン，ポルトガルのインフレ率も高く，ポルトガルのインフレ率は2001年に4.4％であった。

　他方で，高価格国であるフィンランドでは，1995年にEU平均100とする物価水準は133であったが，2007年には119.6と低下した。フィンランドやドイツなど高価格国では，インフレ率は低く，1997年から2006年にかけて，ドイツのインフレ率は2％未満であった。高価格国ではデフレ圧力もかかり，物価は安定

的であった。なお，こうした高価格国でのデフレ圧力が最も強かったケースが日本であり，図表1－2にあるように，2000年に198（EU平均100）であった物価水準は2007年に96.4まで低下した。

　ユーロ圏における，こうした物価動向とインフレ率は労働力の価格（労働コスト）にも反映された。スペインにおける月当たり労働コストは，2001年には1867ユーロであったが，2009年には2921ユーロであり，8年間で56.5％（年平均5.76％）の上昇率であった。ドイツにおける月当たり労働コストは2001年に3511ユーロであったが，2009年には3977ユーロとなり，同じく13.3％（同1.57％）の上昇率であった。したがって，スペインの労働コストはドイツに対し，53.2（ドイツを100）から73.4（同）へ上昇した。ギリシャについては，EU統計でも整備されていないが，1998年における1500ユーロから，2003年に1984ユーロに上昇しており，ほぼ同様である。

　こうしたインフレ率や労働コストの上昇は，年金や公務員給与などに反映された。第4章等で後述するように，スペインなどでは，労組との賃金交渉において，インフレ率とリンクされた賃金モデルが支配的となっており，広範な範囲に影響したと見られる。またギリシャの財政支出構成を見ると，公務員給与と年金で主要な部分を占めてきた。このため，公務員給与や年金関係の支出が増加すれば，財政支出は増加する傾向にある。

　社会的給付（社会保障費が中心）の対GDP比を見ると，ドイツの場合，2003年に19.8％とユーロ圏でも最高水準であったが，漸次的に低下し，2008年には17％まで低下した。ドイツでは財政赤字削減のため，年金等の社会保障関連支出が抑制された。他方，ギリシャでは1999年に同比率は14.1％であったが，2009年には20.8％まで上昇し，ドイツを上回った。また同じくポルトガルでも同じく10.9％から17％へ，アイルランドでも8.7％から15.3％へ上昇した。インフレや労働コストの上昇に対応して，年金支給額が増額されたことに加え，高齢化の進行も要因であろう。ユーロ圏の老齢依存比率（Old Age Dependency Ratio，65歳以上人口÷15～64歳人口）はドイツとイタリアが最高で，2008年現在30.4％であるが，ギリシャでも27.8％，ポルトガルでも25.9％と続いている。

第1章　ユーロ圏と財政危機の背景

年金受給人口が増加したこともあり，ギリシャ等でも社会保障関係支出が増加したと見られる。

　こうして歳出増加となったが，歳入は伸び悩んだ。本来，税収基盤が整備されていれば，インフレの発生により，税の自然増収がもたらされるので，インフレ率が高いことは税収にとってマイナスではない。しかし，ギリシャにおいてインフレにもかかわらず，税収は伸び悩んだ。歳入が伸び悩んだ要因は，第一に，シャドーエコノミーと呼ばれる非正規経済が大きいことである。シャドーエコノミーの定義は確定していないが，非合法の経済行為（薬物取引等）から合法の経済行為（節税等）まで幅広い。ただ税収との関係では，領収書を発行しないことで，付加価値税納税を免れるといった行為が典型である。また事業者が従業員の人数を正確に報告せず，社会保険料の納付を免れることも多いようだ。第二に，直接税でも累進課税が弱く，所得分配の不公平性が強い。所得分配の不平等性を示すクインテッル指数（quintile ratio, 高所得を得ている人口の最上位20％による所得が，低所得の最下位人口20％による所得の何倍であるか，を示す指数）は，ユーロ圏17カ国平均で4.8倍（2009年）であった。しかし，ギリシャでは5.8倍，スペインでは6倍，ポルトガルでも6倍であった。南欧では，高所得層と低所得層の格差が大きいのである。最近も，サンタンデール銀行のオーナー家族による脱税が問題となったが，富裕層に対する一般国民からの批判は強い。[5]こうした富裕層への不満が，南欧における低い納税モラル，年金や給与引下げへの抵抗等と関連していよう。

　ギリシャにおける財政の歳入・歳出・財政赤字の対GDP比率を見ると，歳出の対GDP比率は1999〜2007年にかけて，44〜46％であり，もともと高水準であった。さらに2008年には49.7％，2009年には52.9％と上昇した。金融危機にもかかわらず，年金や公務員給与を中心に，ギリシャの歳出は増加した。他方，歳入の対GDP比率は2007年の40％から2009年には37.3％へ低下した。金融危機による不況と税収減によって，通常は緊縮財政に転換されるべきところ，歳出は抑制されなかった。これは以下で述べるように，インフレによる国債利払い費の軽減によって，国債発行に安易に依存していたことが大きい。し

かも，金融危機を契機として長期金利が上昇したため，短期債中心に国債を発行し，2010年以降の財政危機をもたらす引き金となった可能性が高い。ここでは，財政赤字の対GDP比率が2009年に－15.4％へ跳ね上がった事実を確認したい。

　インフレは実質金利を低下させる。逆に，デフレは実質金利を上昇させる。前者はギリシャ，後者は日本に代表される。ギリシャの名目長期金利は2003年に4.27％であったが，インフレ率が3.4％あったため，実質長期金利は0.87％であった。また2005年にも名目長期金利は3.58％であったが，インフレ率は3.5％あったため，実質長期金利は0.08％でしかなかった。ギリシャはユーロに参加することで，ドイツの信用傘下に入り，名目長期金利が低下したうえ，インフレにより実質金利は一段と低下した（図表1－3参照）。

　一方，日本の実質金利は名目金利よりも高い。2000年に日本の名目長期金利は1.76％であったが，インフレ（デフレ）率は－0.7％であり，実質長期金利は2.46％であった。また2003年に日本の名目長期金利は0.99％であったが，インフレ率は－0.35であり，実質長期金利は1.34％だった。しかし，上記のように，2003年にギリシャの実質長期金利は0.87％であったから，日本と逆転していた。日本ではデフレにより実質的な国債の利払い負担は重くなっているが，ギリシャではインフレによって軽減されてきた。

　こうしたギリシャにおける実質長期金利の低下は，財政の利払い費負担を実質的に軽減してきた。財政の利払い費負担の対GDP比率を見ると，ギリシャでは1996年に10.5％であったが，2007年には4.7％と急速に低下した。インフレによって名目GDPは増加するが，利払い負担は国債発行時の利率によって決まるため，インフレから直接は影響されない。このため，インフレによって利払い負担は実質的に軽減される。インフレによって債務者利得が発生するからである。こうした結果，ギリシャは極めて安易に国債発行が可能になり，国債に依存するなかで，歳出を膨張させることが可能になった。

　ギリシャの国債発行額は2000年には93億ユーロであったが，2007年には153億ユーロに増加し，2008年には212億ユーロ，2009年には374億ユーロと急増し

図表1-3 ギリシャと日本の実質長期金利

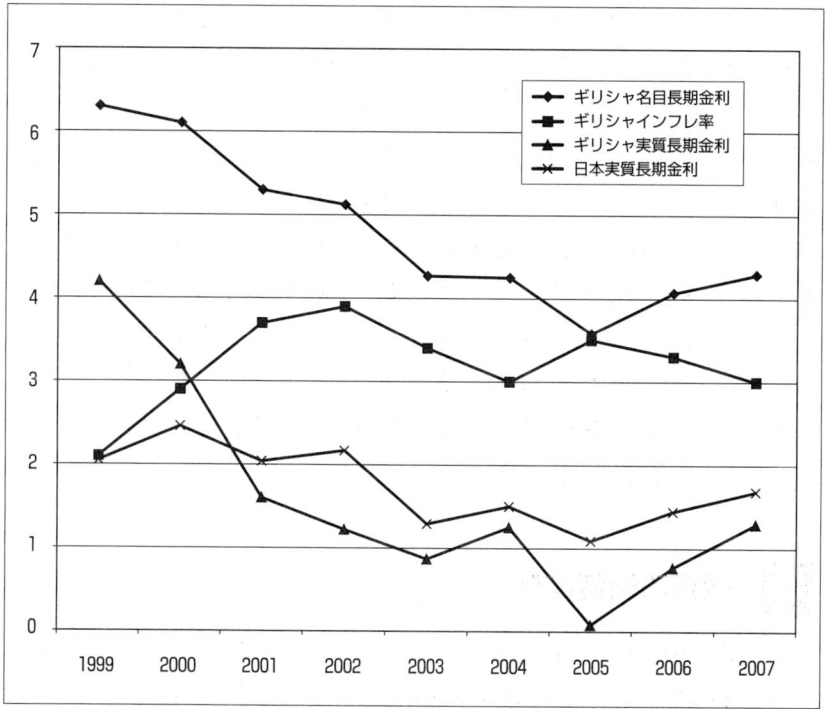

(出所) http://epp.eurostat から作成。

た。2007年以降，金融危機の影響で，税収が減少したものの，歳出が増加し，国債発行額は増加した。むしろ，国債発行に依存することで，歳出膨張が可能となった。ギリシャの国債依存度（歳出額に占める国債発行額）は2006年には4.6％であったが，2009年には15.9％まで上昇した。インフレによる国債利払い費の実質的な軽減によって，国債発行に対する歯止めがかからなくなり，国債に依存した歳出膨張が可能になってしまった。

ギリシャの国債は2010年まで，主要部分は海外投資家による保有であった。これは経済合理性からも説明できる。ギリシャ国内の投資家がギリシャ国債を保有した場合，インフレによって実質利回りが低下するため，投資リターンは

さほど高くないのである。例えば，ギリシャで最後に発行された10年債は，2010年3月発行（シンジケート方式）であったが，利率6.25％で募集額（オファー）は161億ユーロであったが，引受額は50億ユーロ，発行価格98.942で，利回りは6.385％であった。これでもギリシャの予想インフレ率を差し引けば，実質利回りは2～3％台となろう。こうした実質利回りでは国内投資家は保有するインセンティブが弱かったと見られる。

ギリシャなど周辺国財政の悪化は，インフレにより歳出が膨張する一方，徴税インフラが整備されていなかったため，インフレによる税収増が生まれなかったことが，大きな背景である。さらにインフレによる国債利払い費の実質負担軽減により，国債依存による歳出膨張への歯止めがかからなくなってしまった。しかし，2010年以降，財政資金のやりくりが逼迫し，IMFとEUの融資によって，支えられている。

4 銀行の国債保有

ギリシャの国債は，2011年10月現在でも，デフォルトに近づいている。第5章でも述べるように，すでにフランス系銀行では2011年上半期決算で，ギリシャ国債について多額の評価損や引当金が計上されている。これはIMF・EUの救済スキーム構想で，民間の自発的負担が求められ，国債元本の21％を民間負担（損失）として償還されない，とされたからである（2011年10月現在，50％へ引上げの方向）。このため，フランスの大手銀行では将来のリスクを前倒しして，ギリシャ国債の損失を計上した。

実質的にギリシャ国債はデフォルトに近づいているが，EBA（欧州銀行監督機構）により2011年ストレステスト（第2回）の結果が公表された。EBAは2010年秋に，欧州金融監督制度（ESFS）のなかの一部として創立された。2010年の銀行ストレステストは，欧州銀行監督委員会（CEBS）によって実施され，各銀行の各国国債保有額（Gross Exposure）と銀行勘定（満期保有）内訳といったシンプルな開示であった。しかし，2011年のストレステストでは，

第1章　ユーロ圏と財政危機の背景

EBAによる開示基準の共通化等もはかられたため，詳細な開示となった。

図表1－4は，EBAストレステストの開示データ（Net Exposure）にもとづき，周辺国（ギリシャ，スペイン，ポルトガル，イタリア，アイルランドの5カ国合計）国債合計額を分子とし，分母を狭義の中核的自己資本（コアTier1，普通株と内部留保などであり，かなり厳格な自己資本概念）として，比率を算出したものである。基本的な考え方としては，保有国債がデフォルトや大幅な価格低下を起こした場合，自己資本で吸収が可能か，預金等に損害が及ばないか，といったことである。したがって厳密には，国債保有額や株式保有額を合計した有価証券保有額が，自己資本以内に収まっていることが望ましい。

図表1－4によると，パリバ，クレディ・アグリコール，ソシエテ・ジェネラル，BPCEなど主要なフランス系銀行は，対コアTier1比率でいずれも100%

図表1－4　周辺国国債保有額の対コアTier1比率

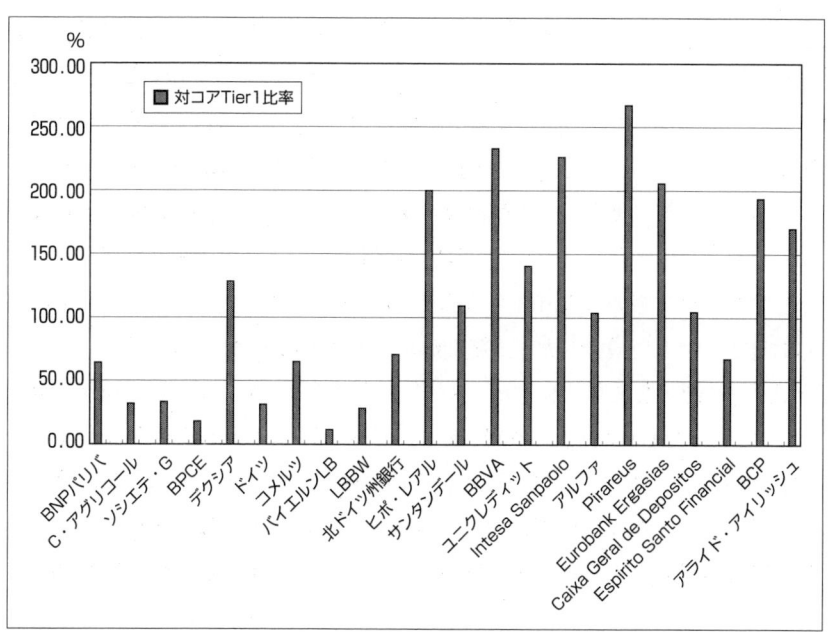

（出所）EBAストレステストによる各行開示資料から作成。

15

未満となっている。最も高いパリバでも64％であり、クレディ・アグリコールやソシエテ・ジェネラルでは32～33％となっており、低い水準である。パリバの場合、ギリシャ国債を50億ユーロ、イタリア国債を241億ユーロ、スペイン国債を39億ユーロ保有しているが、コアTier1比率では64％に収まっており、高いわけではない。

しかし、2011年10月に経営破綻したデクシアの場合、ギリシャ国債を35億ユーロ、イタリア国債を150億ユーロ、ポルトガル国債を19億ユーロ等保有していたが、破綻した。同行のコアTier1は170億ユーロ（2010年末）であるが、各国国債保有額合計（日本等含む）は562億ユーロで、国債保有額の対コアTier1比率は331％に達する。しかしデクシアの経営破綻は、自己資本不足に起因するよりも、流動性リスクや資金調達リスクが顕在化した可能性が高い。

第6章でも分析するように、欧州系の銀行は資金調達面で預金の比率が低く、ホールセール市場からの比率が高い。すなわち、インターバンク市場等で短期資金を調達し、これを長期国債等で運用する、「短期借り・長期貸し」ビジネスモデルである。この場合、短期の資金調達が円滑に借り換えられていく（ファンディング）ことが必要条件となるが、デクシアの場合、このファンディング問題が破綻の要因となった可能性が高い。デクシアの2011年上半期決算プレス・リリースによると、1年間でバランス・シート規模を910億ユーロ縮小し、短期の流動性ギャップを470億ユーロ縮減したことが強調されていた。デクシアの総資産残高は2010年6月末の6,085億ユーロから、2011年6月末には5,177億ユーロまで減少したが、短期の資金調達問題が影響していた。[6]

ドイツの銀行もヒポ・レアルエステートを例外として、周辺国国債の対コアTier1比率はおおむね低い水準にある。ヒポ・レアルエステートの同比率は200％であるが、ギリシャ国債保有はゼロである。ヒポのコアTier1は55億ユーロであるが、イタリア国債71億ユーロ、スペイン国債34億ユーロなどを保有し、周辺国国債の合計保有額は110億ユーロとなり、対Tier1比率では200％となる。

しかしスペイン、イタリア、ギリシャ、ポルトガルなど周辺国の国内銀行の

国債保有対コアTier1比率は全体的に高い水準にある。スペインのサンタンデールが109％，BBVAが233％，イタリアのユニクレジットが140％，Intesa Sanpaoloが226％といった水準にある。またギリシャのPirareus銀行が267％，Eurobankが206％，ポルトガルのBCPが194％，アイルランドのアライド・アイリッシュ銀行が170％である。これら周辺国の銀行はホームバイアスが強く，自国国債が保有の中心である。スペインのサンタンデールの場合，周辺国国債保有額は459億ユーロであるが，うちスペイン国債は418億ユーロを占める。またギリシャの銀行では，周辺国国債はすべてギリシャ国債である。

ギリシャのPirareus銀行のコアTier1は30億ユーロであるが，ギリシャ国債を81億ユーロ保有している。ギリシャ救済策として，民間の自発的負担が保有国債元本の50％と議論されるが，仮に50％となれば，40億ユーロの損失となる。コアTier1は30億ユーロであり，損失が上回る。Eurobankの場合も，コアTier1は43億ユーロであり，ギリシャ国債を87億ユーロ保有している。民間負担が国債元本の50％となれば，やはりコアTier1を超過し，債務超過となる可能性がある。ギリシャ国債のデフォルト（元本削減を含む）が現実化すれば，ギリシャの国内銀行へ大きな影響が予想される。

5 まとめに代えて

以上で見てきたように，ギリシャを中心とする欧州の銀行による国債保有は，対コアTier1比率でも，個別行で見ると，高い水準にある。しかし，少なくともユーロ圏の銀行全体では，公債の対総資産比率は5～6％といった水準にある。図表1－5は，ユーロ圏の銀行の総資産（Aggregated Balance Sheet，銀行間信用を差し引いていない総資産）と公債（一般政府債，地方債を含む）の比率を示す。このように，全体としてみると，ユーロ圏の銀行の公債対総資産比率はさほど高い水準ではない。これは，ユーロ圏の銀行，特にドイツの銀行は証券化商品の保有残高が多いことも一因である（第6章，および図表6－1等で後述する）。

図表1-5　日欧銀行の国債保有対総資産比

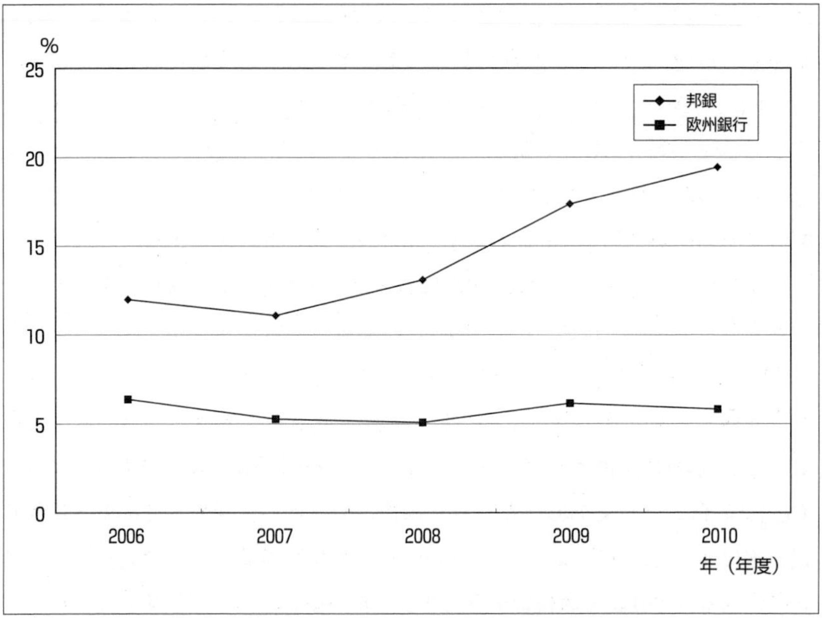

(出所) ECB, *Monthly Report*, および全銀協『全国銀行財務諸表分析』から作成。

　他方，日本の銀行の場合，有価証券保有残高のなかで，証券化商品の構成はさほど高くない。さらに近年では，急速に株式も売却している。株価の低迷に加え，IFRS（国際会計基準）の導入，バーゼル（自己資本比率）規制の影響と見られる。このため，邦銀の場合，有価証券残高や総資産における国債の比重は急速に上昇している。図表1-5が示すように，邦銀の総資産における国債の比率は急速に上昇している。邦銀の同比率は2006年に12％であったが，2010年には19.4％まで上昇した。邦銀の国債保有は極めて高い水準と言わざるをえない。[7]

　また第7章でも述べるように，邦銀の国債保有額を対Tier1比率で見ると，メガバンクでは三菱UFJが483％，みずほ494％（いずれも連結ベース）といった水準にある。またリージョナルバンクでは，一部の銀行が地方債を含む一般政

府債で対Tier1比率を算出すると，600％を超えている（図表7－6参照）。邦銀では，コアTier1や同比率が公表されていないため，Tier1で算出せざるをえない。もちろん，コアTier1よりも，Tier1が優先株等を含むため，Tier1のほうが広い自己資本概念である。図表1－4で示したように，ユーロ圏の銀行の場合，分母をコアTier1としても，周辺国国債保有額の比率は高くとも200％台であった。邦銀の日本国債保有額の対Tier1比率はユーロ圏の銀行よりもかなり高いのである。

　現状では，日本国債の利払い遅延，もしくはデフォルトの可能性が低いため，邦銀が国債で損失を計上する可能性は大きくはない。しかし長期金利が上昇する局面に入る可能性は常にある。ギリシャ国債のデフォルトリスクとユーロ圏の動向は，わが国の政府財政と国債，さらには邦銀の国債保有に強い警鐘を鳴らしている。

（注）
1）　本書では，PIGS（ポルトガル，アイルランド，ギリシャ，スペインの頭文字），およびPIIGS（イタリアを追加）といった用語を使用しない。差別的な響きがある可能性を否定できないからである。代わって，周辺国（Periphery）という用語を使用するが，ポルトガル，アイルランド，ギリシャを中心とし，スペイン，イタリアを含む諸国である。
2）　内田・清水編著，『EU経済論』，ミネルヴァ書房，2001年参照。
3）　南欧諸国における政治的民主主義の歴史が短いことは，今日の経済的民主主義にも影響している。所得の高所得階層への集中度が，2009年現在，これら3国では高い。
4）　ドイツのBMWは2008年11月4日に政府救済策の申請を検討した。*Financial Times,* November 5, 2008　また12月9日には，ドイツVWが公的資金注入を申請した。*Financial Times,* December 9, 2008
5）　スペインのサンタンデール銀行の大株主である，エミリオ・ボーティン氏はスイスの銀行口座に関わり，脱税の疑いをかけられている。*International Herald Tribune,* September 22, 2011
6）　Press Release, Dexia, 4 August, 2011
7）　邦銀の同比率は，全国銀行協会の『全国銀行財務諸表分析』の，全国銀行の単

体合計ベース総資産を分母に，分子は国債保有残高で算出した。またユーロ圏の銀行の同比率は，ECB, *Monthly Report*のAggregated Balance Sheet の総資産をベースに，一般政府債（地方債を含む）で算出している。したがってベースが異なるため，あくまで参考値である。

第2章

金融危機の発生と危機対応

1 はじめに

　本章の課題は，EUにおける金融危機と危機対策としての財政金融政策を明らかにすることである。この場合，EU加盟国の国民国家財政と同時に，EUの共通財政とEUの公的金融機関としての欧州投資銀行（EIB）に注目する。今日の財政金融政策は，なお国民国家を枠組みとしているが，国家という枠組みを超えた政策対応の重要性が増しているからである。EIBはEU加盟国の共同出資による，国家を超えた金融機関である。

　EUにおける2007年以降の金融危機もアメリカと同様に深刻な問題であった。欧州を代表する多国籍銀行（UBSやドイツ銀行など）が，アメリカにおいて証券化商品を大量に購入していたため，巨額の損失を計上した。与信の収縮はEUに伝播し，自動車ローンの縮小等を介して自動車販売台数の激減，欧州自動車会社の経営危機とリストラ，そして失業増加と広がりを見せた。またスペイン，アイルランド等での住宅価格低下，中東欧での不良債権問題として，EUとその周辺において危機は拡大した。

　こうした金融危機に対し，EUは2,000億ユーロに達する緊急対策を打ち出したが，そこでは共通財政とならび，国家財政での付加価値税減税や公的金融としてのEIBが活用されることとなった。そこで本稿では，EU共通財政の歴史とEIBの現状を踏まえ，EUにおける金融危機対応の一面を明らかにしたい。ユーロ不安と危機への対策として，しばしば財政政策の調和が指摘されるが，

EUの共通財政が論じられることは少ない。

2 EUの共通財政とユーロ導入

　EUの共通財政は，加盟国の負担によって成り立つ国際財政である。しかし国際財政という領域がかならずしも明確ではない。そこで，まず国際財政に関する財政学の議論を振り返っておく。国際財政論については，従来，「主権国家相互間の経済力格差を前提として，財政自主権の制限をもたらす財政調整」[1]と定義されてきた。この定義では，具体的には，国家間での租税協定によって域外資本に対し競争力を共同で高める問題や，アメリカを中心とした対外援助（対先進国援助，対低開発国援助）等を念頭に置いていたようである。すなわち，多国籍企業の発展に伴う税制の調整や統合，EC（当時）などでの対外関税，アメリカ等による日独など先進国向け援助やアジア・アフリカなど途上国向け援助が，国際財政論の領域とされてきた。

　今日的に国際財政論の領域には，大きく2つの定義もしくは課題がある。ひとつは，あくまで主権国家もしくは国民国家による財政を重視する立場である。すなわち，国民国家財政の税制，経費，国債がいかにグローバル化と関わっているかが課題となる。

　しかし他方，国家という枠組みを超えた問題群や超国家的な財政システムが注目されつつある。国家という枠組みを超えた問題群とは，具体的には環境問題，多国籍企業，貧困や移民等である。CO_2（二酸化炭素）の発生や水質汚染は国家という人為的な枠組みを容易に超えてしまう。多国籍企業は国家を枠組みとする規制をかいくぐり，利益を最大化する。こうした国家という枠組みを超えた問題群と超国家的な財政の必要性が高まっている。国際財政論の領域には，大別して，これら2つの課題がある。

　現状では国際的な財政現象として，国民国家による財政が規定的な要因である。そして国家という枠組みを超えた問題群や超国家的財政は副次的，もしくは萌芽的な段階にある。しかし後者の問題群と財政がプレゼンスを高めている

第2章　金融危機の発生と危機対応

ことも事実である。

　超国家的な問題群と財政が最も問題になってきたのは，EUである。そもそもEUの前身であるEC統合は，二度にわたる世界大戦が欧州を主要な舞台とし，激しい国家間の対立として展開されたことへの反省として開始された。[2]またEUの地理的な条件が無視できない。EUは隣国（ロシアを含む）と隣接し，隣国の環境問題は自国の環境問題に直結する。

　ドイツを水源とするドナウ川は，多くの欧州諸国を経て海に注ぐため，上流の水質悪化は下流国での水質悪化に拍車をかける。さらに隣国の貧困や紛争は自国への，難民，移民の増加をもたらし，自国の社会保障財政を脅かす。ボスニア紛争では，多くの難民がEU加盟国や周辺国に流入し，深刻な住宅，医療問題をもたらした。したがって，EUはEC結成以来，国家という枠組みを止揚する試みであったし，超国家的な問題と直面してきた。

　ECは1960年代から対外関税と域内関税撤廃といった地域主義としての色彩を強めていった。しかしEC統合の時期は，基本的には国家の集合体といった性格が強かった。ところが，1992年のEU条約（マーストリヒト条約）調印，1999年からの単一通貨ユーロ導入はEUの性格を大きく変えた。EU条約は単一通貨導入への道筋を定めたが，そのなかで過度な財政赤字を避けることが義務づけられた。まず通貨発行権は，国民国家を前提とし，中央銀行に独占的な権限と位置づけられてきた。[3] しかし，単一通貨ユーロはECB（欧州中央銀行）によって発行され，国家を前提とする各国中央銀行から通貨発行権は移譲した。さらに各国の経済政策にとり大きな位置を占める財政政策について，「単年度財政赤字は対GDP比で3％以内」，「累積財政赤字は対GDP比で60％以内」という緩やかながらも制約が課された。財政赤字に上限が課されたことは，単一通貨ユーロへの信任を保つためとされる。[4] ただ財政政策に制約を課したことは，国家を基調とする財政自主権にも踏み込んだことを意味する。したがって，ユーロ導入は国家からの通貨発行権の移譲，財政自主権への制約という二重の意味において，国民国家の変容と言えよう。

　ユーロ導入はほかにも重要な意義を持っている。第一に金融政策では欧州中

央銀行が統一的に担当し，個別参加国は金融政策でのフリーハンド（自主権）を喪失したことである。この点は，中央銀行の金融政策を政策金利による通貨の需給調整と考えれば，通貨発行権の移譲とは表裏一体の関係にある。しかし，ユーロ参加国の所得水準，雇用（失業）状態にはかなりの格差が見られ，統一された金融政策では大きな問題が残る。2009年からスロバキアはユーロに参加したが，2007年時点で失業率は16％台にあり，一方でルクセンブルクでは4％台であった。[5]

ユーロ導入の第二の意義は，参加国内では為替リスクが消滅したことである。独仏を中心とした，自動車・製薬などの巨大多国籍企業はユーロでの決済に伴い，為替リスクから解放された。南欧のスペイン，ポルトガルや中東欧のスロバキアがユーロに参加したことは，多国籍企業の直接投資や現地生産にとって大きなメリットと見られる。もっとも当該国にとっても，多国籍企業にとっての直接投資による雇用機会増加というメリットがある。また直接投資だけではなく，証券投資など金融取引に伴う為替リスクも，ユーロ導入によって参加国では消滅した。多国籍企業や多国籍銀行が，国民国家的な通貨・為替システムを変革したと言えよう。

図表2-1はユーロ導入前後から2010年までの，EUへの対内直接投資（フロー）を示している。これによると，ユーロ導入前の1995年にはEUへの対内直接投資は884億ユーロであったが，ユーロ導入の1999年には4,818億ユーロ（うち1,258億ユーロがEU15カ国，域内からの投資）に，そして2000年には9,520億ユーロ（同1,885億ユーロ）に急増した。その後，2004年まで対内直接投資は減少したが，2005年から急増し，金融危機前の2007年には1兆616億ユーロまで達した。2007年に，EU15カ国からの対内（域内）直接投資は4,409億ユーロ，アメリカからが1,950億ユーロであった。ユーロ導入を契機として，ユーロ圏やEUでは直接投資が急増した。金融危機以降，対内直接投資が減少し，2010年には2,000億ユーロ弱となった。

ユーロ導入の第三の意義は，実質的にドイツ連邦銀行（ブンデスバンク）の金利水準を，欧州中央銀行が引き継いだことである。このため，イタリア，スペ

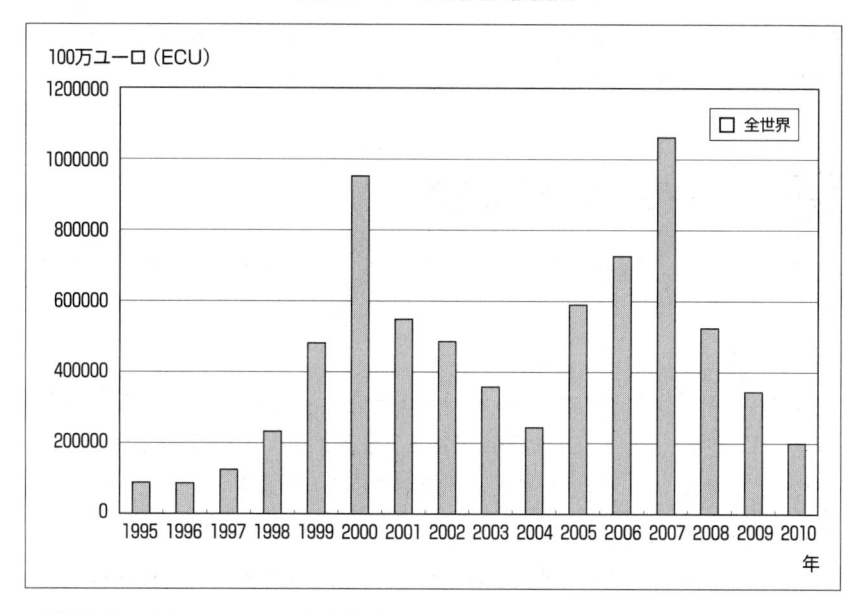

第2章 金融危機の発生と危機対応

図表2-1　EU対内直接投資

(出所) http://epp.eurostat から作成。

イン，ポルトガルといった高インフレ，高金利国に，ユーロ導入と同時に低金利が導入された。1999年から10年近くにわたり，スペイン等では低金利による融資が拡大され，住宅価格の上昇が続いた。スペインなどの2000年代前半の経済成長は，低金利による住宅価格上昇や，それに付随する観光産業，輸送（航空等）産業によってもたらされたものであった。2007年からの金融危機によって，大幅な不況となったが，以上のような意味でユーロ導入も金融危機と無関係ではない。他方，金融危機によってユーロ未加盟のEU通貨は大幅に売り浴びせられ，独立通貨のコスト負担から，皮肉にもユーロ参加国が増加する方向になっている。

　EUではユーロ導入以降，ますます域内の格差是正や，弱小国の中小企業対策が重要になっていた。そのため，金融危機前から，EUの共通財政や，それを補完する公的金融が重要性を高めていた。以下ではEUの共通財政と，公的

金融として欧州投資銀行（European Investment Bank, EIB）を中心に，域内格差是正等における役割を検討する。後半では，2007年からの金融危機において，公的金融として欧州投資銀行が重要になっていることを示す。

3. EU共通財政の歴史と現状

　1957年にローマ条約が調印され，欧州経済共同体（EEC）が設立された。欧州共同体（EC，EECはECの一部）の共通財政も同時期にスタートした。1960年代は欧州も含め，世界的に食料不足であった。このため，1960年代以降，ECの共通財政は食料不足対策としての農業補助に力点が置かれることとなった。ECでは設立時から，独仏が基軸国であり，敗戦国ドイツが経済復興を遂げるにつれ，農業国フランスを経済的に支援する政治力学も働いたと見られる。すなわち敗戦国ドイツが政治的な復権を果たす代替として，ECの財政を通じてドイツがフランスに農業で補助する側面があったと見られる。また1960年代に域内相互関税は撤廃された。

　EC（後のEU）の共通財政は当初加盟国の拠出金で成立した。しかし1970年代に入ると，関税，農業課徴金，付加価値税の1％といった独自財源が共通財政の財源となった。ECは域内貿易には関税を課さない一方で，域外からの輸入には関税や農業課徴金を課した。これらが共通財政の財源とされた。また各国の国家財政において比重を高めた付加価値税の税収1％分を各国が共通財政に歳入として計上することとなった。他方，1970年代までの共通財政では，歳出の中心は農業補助金としての農産物価格支持であった。これは共通財政が農産物を一定の価格になるように買い取るものであった。

　1973年にはイギリス，デンマーク，アイルランドがECに加盟し，拡大ECと呼ばれるようになった。農業補助には独仏の関係も反映していたが，他方でイギリスは加盟以来，不満を感じていた。イギリスはGDP構成において消費の比重が高く，付加価値税の1％といった共通財政の財源によって負担が増加しやすかったためである。農業補助からフランスやデンマークといった農業国が

メリットを受け，イギリスにはメリットが少なかった。これは共通財政をめぐる英仏対立の背景となった。[6]

　1980年代に入り，ECの域内貿易が増加し，域外からの輸入が減少し，関税や農業課徴金が減少した。これはもともと規模的に小さかったECの共通財政には，財源不足の深刻化となった。また限られた財政が農業補助を中心に支出されていることも問題であった。1981年にはギリシャが，1986年にはスペイン，ポルトガルなど南欧諸国が加盟した。これら南欧諸国は所得水準が低かったため，ECは財政援助をする必要が高まった。2007年のEU加盟国間での1人当たりGDPと失業率を見ると，ルクセンブルクとブルガリアの間では8倍近い1人当たりGDPの格差があり，失業率もポーランドの17.7％とルクセンブルクの4.5％には13ポイントもの格差がある。

　EUにおける加盟国間，また地域間での経済格差は1980年代から今日まで続く大きな問題であった。こうした背景において，1988年にドロール・パッケージと呼ばれる，共通財政改革が実施された。この改革で，歳入面ではGNP（厳密には，Gross National Income）ベース負担金が導入された。これは共通財政の歳入不足額を加盟国がGNPに比例して負担するものである。共通財政での公債発行は認められておらず，GNP比例負担は2008年予算ではEU共通財政で歳入の67％に増加している。他方，ドロール・パッケージにより，歳出面では農業補助が削減された一方で，構造基金と呼ばれる地域対策が強化された。構造基金は雇用が悪化している，もしくは所得水準がEC平均に比べ低い地域に重点的に支出された。こうした地域対策は1993年以降マーストリヒト条約で格差是正基金（Cohesion Fund）が導入されたことで一層強化された。格差是正基金はスペイン，ギリシャ，ポルトガル，アイルランドといった低所得国に向けられた。また1993年以降，PHAREと呼ばれる，ポーランド，ハンガリー向けの基金も開始された。すなわち1988年，1993年を境に，共通財政の支出は農業補助から，大きく地域対策に舵をきった。

　EUの拡大をひかえて，2004年時点で2007－2013年の共通財政中長期予算が策定された。全体的な特徴としては，EU加盟国の増加に伴う，EU域内での経

済格差拡大に対し，格差を是正する地域政策が重視されている。主として農業補助から成る「天然資源の保護」については，2007年における584億ユーロ（構成比45.6％）から，2013年には611億ユーロ（同40.3％）に相対的に減少する見込みである。他方，主として格差是正・地域政策から成る「持続可能な成長」については，同じく544億ユーロ（同42.5％）から696億ユーロ（同45.9％）へ相対的かつ絶対的に増加する見込みである。

　2007年からは共通財政の優先課題として三点が掲げられている。第一点は，コンバージェンス（Convergence）である。1人当たりGDPがEU平均の75％以下である加盟国や地域の成長促進を目標とする。第二点は，地域競争力と雇用拡大である。第三点は，欧州地域協力である。国境を越えた地域間の協力が重要である。こうした優先課題から，2007－2013年の共通財政では，総額3,470億ユーロが格差是正にあてられている。また格差是正の具体的内容としては，南欧や中東欧の所得水準がEU平均を下回る加盟国，地域向けであり，環境関連などの研究・開発，気候変動に対応する（二酸化炭素の発生量を削減する）インフラ整備が重視されている。一例としては，ソーラー（太陽エネルギー）技術の研究開発，水力発電のためのダム建設等である。

　2008年現在，共通財政の財源は，農産物課徴金が23.2億ユーロ（構成比1.9％），関税が164億ユーロ（同13.6％），付加価値税が191億ユーロ（同15.9％），GNI比例負担が811億ユーロ（同67.4％），その他が14億ユーロ（同1.2％，いずれも2008年度予算ベース）となっている。歳入不足額について各国がGNPに比例して拠出するGNI比例負担が中心になっている。EU統合の深化に伴い，共通財政には多くの重要な課題があり，財源面からも共通財政を強化することが望ましい。

　しかし共通財政をめぐっては，各国の国益や利害が絡み合っていることも事実である。EU財政をめぐる加盟国の純バランス問題と呼ばれる問題がある。純バランスとは，加盟国による共通財政への支払と受取の差額を意味している。かつてはイギリスが支払い超過で不満を持ち，その後イギリスには特例措置がとられた。

第2章 金融危機の発生と危機対応

　2001年(ユーロの一般流通前,中東欧加盟前)と2009年でEU財政の純バランスを比較すると,以下のような特徴が見られる。[7] 第一に,両年においてドイツが最大の支払国であり,2009年でも64億ユーロの支払超過になっている。第二に,フランスの純負担額が増加している。2001年には20億ユーロの純負担であったが,2006年には30億ユーロ,そして2009年には59億ユーロの純負担となった。これは農業補助金削減で受取が減少していることも一因である。第三に,イギリスは2001年には純受取国であったが,2006年には純負担国に転じた。特例措置の終了も影響していると推定される。そして2009年には19億ユーロの純負担に転じている。第四に,ポルトガルとギリシャの純受取額が2006年まで増加したが,2009年には抑制もしくは減少した。またアイルランドに関しては,2001年には12億ユーロの純受取であったが,2009年にはわずかながらも純負担に削減された。こうした動向は周辺国財政が悪化したなかで,注目される。第五に,スペインは2001年には77億ユーロと最大の純受取国であったが,2006年にはスペインの純受取額は38億ユーロに減少し,2009年にはさらに12億ユーロに減少した。2001年にはEUに加盟していなかったポーランドが2006年には30億ユーロの純受取,同じくハンガリーも11億ユーロの受取となった。スペイン向けの減少額がほぼポーランドやハンガリー向けに転じたことになる。2009年にはポーランドが63億ユーロの純受取,同じくハンガリーは27億ユーロへ増加した。もともとこうした事態は予想され,中東欧からの農産物流入といったこともあり,スペインなど南欧の農業国は中東欧のEU加盟には批判的であった。中東欧諸国はドイツの影響が強い地域であるが,中東欧への財政再分配が強化され,南欧の周辺国へは削減された。近年,ドイツ多国籍企業は中東欧諸国を生産拠点として重視しており,こうした側面も影響していよう。図表2-2が2001年から2009年への変化を示している。

　以上のように,EU共通財政をめぐっては,各国の純バランスをめぐり,利害関係が絡み合っている。このため共通財政の規模拡大は容易に実現可能ではない。しかし,2008年に発生した金融危機のなかで,EU議長国であったフランスのサルコジ大統領(2008年当時)が,ユーロ圏共通のSWF(ソブリン・ウエ

図表2-2　EU財政の純バランス

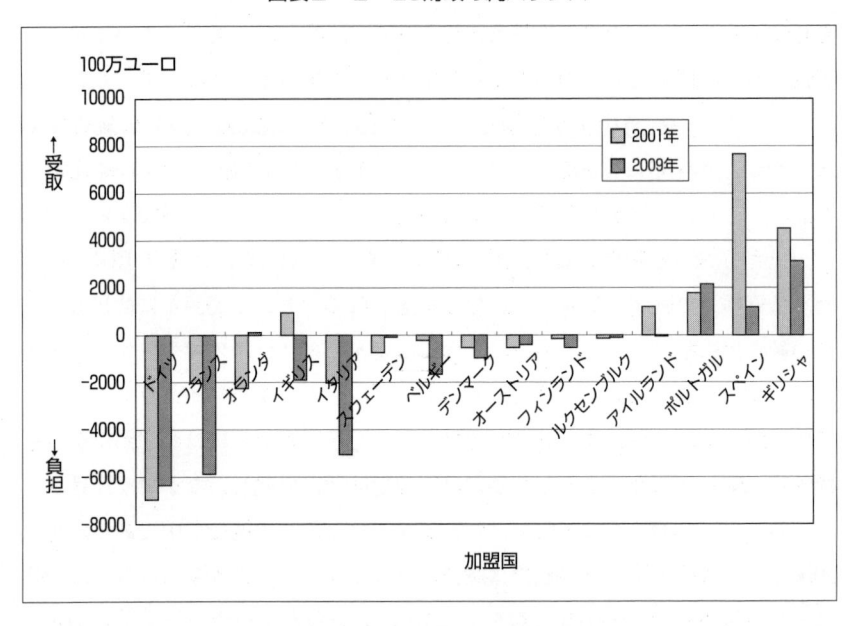

（出所）European Commission, *The Allocation of 2004 EU Expenditure by Member State* 等から作成。

ルス・ファンド，政府系基金）設立を提言する，といった新動向も見られる。これは欧州中央銀行（ECB）による金融政策の一体化だけでは，危機対応に限界があるとして，EUレベルでの政策強化を提言したものである。[8] しかし現状では，EUの共通財政の規模は，せいぜい加盟国GDPの1％程度であり，量的に限界がある。そこで欧州投資銀行など公的金融が共通財政を補完している。

第２章　金融危機の発生と危機対応

4 公的金融による共通財政の補完

　欧州投資銀行（EIB）はEUに直属する公的金融機関である。1958年にローマ条約によって設立され，設立以来EU（EC）加盟国の共同出資によっている。域内共同市場に必要な事業，複数の加盟国に共通の利益となる事業，開発が遅れた地域の事業に融資してきた。1992年のマーストリヒト条約でも198条でEIBは規定されている。2007年１月現在，EU加盟国27カ国が出資しており，資本金は1,648億ユーロであった。しかし，金融危機により増資され，2011年10月現在では，資本金2,324億ユーロとなった。独，仏，伊，英が16.2％ずつ，スペインが9.8％を出資して，上位５カ国となっているが，出資構成は90年代以降大きくは変化していない。

　2008年に発生した，サブプライム・ローン問題を契機とした世界的金融危機（いわゆるリーマン・ショック）はEU諸国も揺るがした。この危機によって，EUにおける民間の金融機関も多数が公的資金注入の対象となり，公的金融機関としてのEIBの役割が高まった。このためEIBは新たに670億ユーロ増資し，資本金は2,324億ユーロに増加することとなった。金融危機のなかで中小企業向け貸出や，自動車産業を含む環境関連融資が必要であり，EIBは貸出能力を高めるために増資を決定した。[9]

　図表２－３は，EIBによる新規融資を示している。新規融資は1999年には318億ユーロであったが，2005年には474億ユーロに増加し，2007年には478億ユーロとなった。[10] そして金融危機を契機として，EIBの新規融資は急増し，2009年には791億ユーロに達した。内訳としては，EU加盟国（域内）向けの個別融資が中心であり，これに域内グローバル融資や域内クレジット・ラインが続いている。

　注目されることは，1999年から2003年まで，加盟候補国向け融資が10％程度の比率を占めていたことである。ハンガリーやポーランドなど新規加盟国向け融資が加盟前から実行されていた。また「その他域外融資」として，アフリカ諸国やアジア諸国などにも融資されている。

図表2-3 EIBの新規融資額

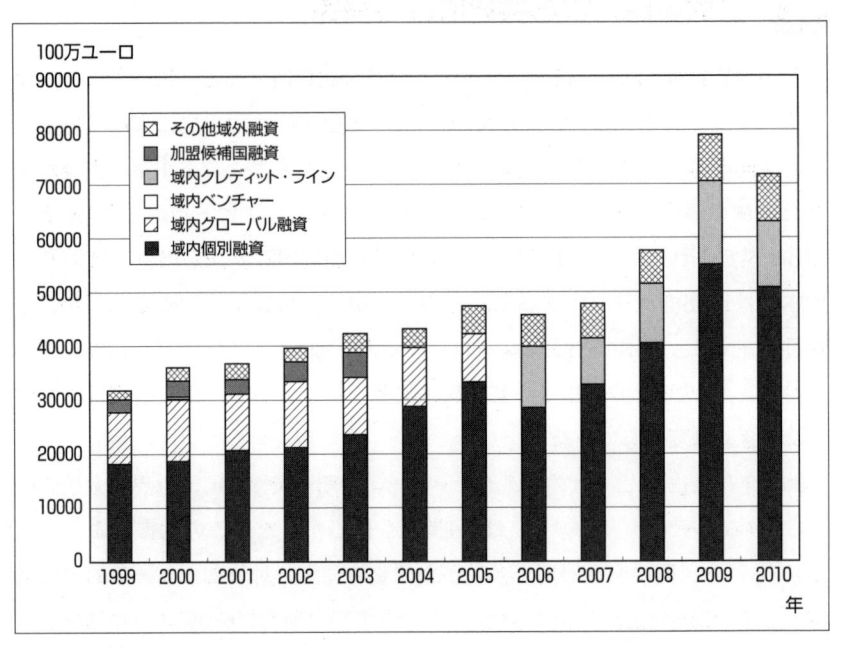

(出所) EIB, *Annual Report* から作成。

　域内向けと域外（加盟候補国等）向けを合計した残高ベースでは，1999年に1,788億ユーロであったが，2007年には3,248億ユーロに拡大し，さらに金融危機を経て3,600億ユーロまで増加している。基本的にはEIBはEU統合に伴い，拡大していると言えよう。

　金融危機前の2007年における新規融資は478億ユーロであったが，金融危機対応が本格化した2009年には790億ユーロまで増加した。2009年の新規融資のうち域内個別融資が550億ユーロ（2007年には328億ユーロ），加盟候補国などパートナー諸国への融資が86億ユーロ（同じく64億ユーロ）となっている。このほか，クレジット・ライン158億ユーロ（同じく86億ユーロ）がある。個別融資は個別の貸出であり，クレジット・ラインは与信枠を設定し，その枠内で機動的に融資するものである。個別融資は分野（Sector）別には，インフラ関連

(エネルギー,通信,水管理),産業向け,教育健康に区分される。しかし金額的にはインフラ関連,しかも通信関連が中心となっている。

2006年から2010年にかけての,個別融資合計（5年間）から,現在の優先基準（Eligibility Criteria）別に融資を見てみよう。[11] 第一は,経済・社会的格差是正（Convergence）である。5年間で775億ユーロがこの基準に支出されている。最大の支出先はスペインであり,153億ユーロ（2006～2010年）である。スペインにおいては,2007年単年度の場合,地下鉄や高速鉄道の建設,バルセロナ空港の整備,病院建設,学校建設等となっている。またスペインに次いで,ポルトガルが135億ユーロの融資を受けている。

第二は,知識集約型経済の促進であり,2006～2010年で628億ユーロが融資されている。これは,もともと2000年5月におけるI2I（Innovation 2010 Initiative）の合意にもとづいている。I2Iとは,2000年のリスボン会議（Lisbon Agenda）にもとづき,EU経済が競争力を強め,創造的で知識集約型となるように設定した目標である。2010年までに持続可能な成長と雇用機会,格差是正をはかることを意図している。具体的には,教育・訓練の改善,医薬学分野での研究・開発の支援,情報・通信技術の普及である。最大の融資先はドイツであり,5年間で168億ユーロであった。

第三は,EUの共通利益にもとづく,効率的な輸送である。2006～2010年の4年間で493億ユーロが融資され,うちスペイン向けが138億ユーロと大きくなっている。EUではTrans-European Transport Network（TENs）といったEU横断的な輸送プロジェクトが組まれている。具体的には,ミラノ・ナポリ間高速鉄道,オーストリア・クロアチア間の高速道路,プラハ（チェコ）・ドレスデン（ドイツ）間の高速道路等である。またエネルギー関係の輸送も課題となっている。[12] 天然ガスではロシアへの依存が高いため,ロシア以外のイギリス,アルジェリアなどからEUへの天然ガスを供給するラインが建設されている。

第四は,環境であり,5年間の融資総額は922億ユーロで最大の融資基準となっている。環境関係の個別融資は,2006年には109億ユーロ（構成比24％），

2007年には130億ユーロ（同20.3％）となっていたが，2009年には236億ユーロ（26.3％）に増加した。2007年の場合，スペイン向け39億ユーロに続き，ドイツ向け36億ユーロとなっている。イタリア向けでは2007年の場合，エネルギー関係での環境改善投資などへの融資が大きくなっている。

　第五は，EUの共通利益にもとづく，エネルギー計画である。5年間で436億ユーロの融資となっており，急増した基準である。これはEUにおいて環境問題の観点から，CO_2の発生を抑制させる必要があること，CO_2の発生量が少ない天然ガスを輸入すること，前述のようにロシア以外からの天然ガス輸送ラインを建設する必要があること，といった事情がある。融資国を見ると，5年間合計でスペインが70億ユーロ，イタリアが77億ユーロ，イギリスが58億ユーロとなっている。スペインとイタリア向けが多い背景には，地理的にアルジェリアに近く，アルジェリアからの天然ガスライン建設があると見られる。

　第六は，中小企業による投資の促進である。中小企業の振興はEUにおいて重要な課題であり，EIBも中小企業向け融資を重視している。5年間で28億ユーロが融資されている。またクレジット・ラインの50％超は中小企業向けとなっている。

　域外向け融資では，2007年の場合64億ユーロ（調印ベース）となっている。チュニジア，モロッコなどの地中海諸国向けが14.3億ユーロ，アフリカなどが7.6億ユーロ，南東欧向けでは29億ユーロとなっている。南東欧向けでは，EU加盟を希望しているトルコ向けが21.5億ユーロ，クロアチア向けが3.3億ユーロとなっている。2010年には，トルコ向けは19.4億ユーロに減額されたが，クロアチア向けは5.1億ユーロに増額された。

　図表2－3も示すように，2008年から金融危機のなかで，EIBの新規融資額は急速に増加している。新規融資額は2007年に478億ユーロであったが，2008年には570億ユーロに18.8％増加し，2009年には791億ユーロ（43.8％増）となった。金融危機が本格化した2008年10月から2009年2月にかけての融資額は313億ユーロで，前年同期比で38％増となっていた。[13] 2008年の場合，EIBは中小企業向け貸出を81億ユーロと前年比42％増加させた。金融危機のなかで公的金

融の役割は世界的に復活する兆しを示しているが，EIBもその例外ではない。

EIBの資金調達は，加盟国の出資を除けば，債券発行が基本である。もちろん，加盟国の出資により，EIBの財務が強化されることはある。2010年末現在，EIBの総資産は4,198億ユーロであるが，自己資本（応募資本）は2,324億ユーロと高い。しかし，融資資金は追加的に債券発行によって調達されている。EIB債の期間は1年物から48年物まで多様であるが，最大の強みはEU加盟国の共同出資による公的金融機関として格付けが高く，結果的に低コストで資金調達できる点であろう。

EIBは格付け機関から最上級の格付けであるトリプルAを取得している。このため，EU加盟国，しかも独仏など基軸国の国債に近い金利で，EIBは債券を発行できる。中東欧などでは自国で国債を発行して資金を調達するよりも，EIBから借入したほうが低コストとなりやすい。中東欧の国債の格付けは相対的に低いため，金利は高めになりやすい。他方，EIBは債券の発行コストに一定のスプレッドを乗せて貸し出すが，債券の発行コストが低いので，やはり中東欧などでは，自国国債の金利よりも，EIBからの借入金利は低くなると見られる。

以上のように，EIBはEUの公的金融機関として，規模的に制約されたEU財政を補完する機能を担ってきた。皮肉にも，2007年のパリバ・ショックを端緒とした金融危機の勃発は，公的金融機関としてのEIBが大きく注目される契機となった。

5 金融危機と公的金融

2007年のパリバ・ショックから2008年のリーマン・ショックを中心とした金融危機は，世界経済を根底から震撼させた。2011年現在，その余波は継続している。そもそもの発生要因は，アメリカにおけるサブプライム・ローンの証券化商品にほかならない。2000年代に入り，アメリカでは住宅産業が景気を牽引する一産業となっていた。アメリカでは低所得者向けに住宅ローンを貸し付ける

住宅金融会社等が，プライム・レート（優遇金利）よりも高めの金利であるサブプライムで貸付をしていた。アメリカでは，住宅金融会社など金融機関は住宅ローンを低所得者に貸し出した後，この貸付債権を原資産として証券化した証券化商品を売却する。住宅ローンを担保とする証券化商品をMBS（モーゲージ担保証券）と呼ぶ。このほか，証券化商品には住宅ローン以外の貸付債権であるクレジット・カードや自動車ローンを担保とするものもあり，これらはABS（資産担保証券）と呼ばれる。これらの証券化商品の伸びは著しく，1996年に発行額は2,000億ドル前後（MBS，ABS合計）であったが，2006年にはABSで１兆2,000億ドル超，MBSで7,000億ドル超，合計で２兆ドル程度まで増加した。

　このMBS，ABSは利回りが高いこともあって，ヘッジ・ファンドが多くを購入したのだが，欧米の商業銀行，投資銀行も少なからず購入していた。特に，欧州系の銀行もアメリカの証券化商品を購入していた。スイスを代表する銀行であるUBS（ユニオン・バンク・オブ・スイス）が2007年度の年次報告書で公表したところでは，同銀行がトレーディング（売買）のために保有する有価証券は，ほとんどが米国のMBS等であった。UBSは総資産の地域構成（2007年末）において，アメリカが50％超となり，スイスは10％未満，欧州・中東・アフリカは32％となっていた。すなわちUBSは多国籍銀行そのものであり，スイスの銀行といっても実質的にはアメリカで収益をあげていたことになる。こうした傾向は他の欧州系銀行にも共通しており，ドイツ銀行の純収入・地域別構成でドイツが25％（2006年）であり，アメリカは28.6％となっていた。欧州系の巨大銀行は多国籍銀行として，アメリカに収益の基盤を移していた，とも言える。こうしたなかで，2007年からアメリカでサブプライム・ローンの支払延滞が始まり，このため住宅ローンをバックにしたMBSや住宅価格が著しく低下した。これによって，アメリカのヘッジ・ファンドや銀行は大きな打撃を被った。

　さらにCDS（クレジット・デフォルト・スワップ）という保険商品の普及も，金融の悪化に拍車をかけた。CDSとは，証券のデフォルト・リスク（破綻リス

ク)に関する保険商品である。MBSなどが利払い不能となるリスクに対して,CDSによって保険をかけ,破綻した場合に,元利払いの保証を得ることができる。こうしたCDSを最も手がけた金融機関(売り手となった金融機関)がAIGであり,保険会社として破綻に追い込まれ,公的な救済対象となった。

UBSやドイツ銀行をはじめとして,欧州系銀行の多くは,アメリカの証券化商品を多く保有していたため,多額の損失を被った。UBSは2008年度決算で約200億スイスフランの最終赤字を出したが,スイス政府から公的資金を受け入れた。ドイツ銀行も同じく40億ユーロ程度の最終赤字となった。[14] 図表2-4はドイツ銀行の税前利益部門別構成を示すが,2008年に全体で税前利益は57億ユーロの赤字となった。うちコーポレート・インベストメント・バンク

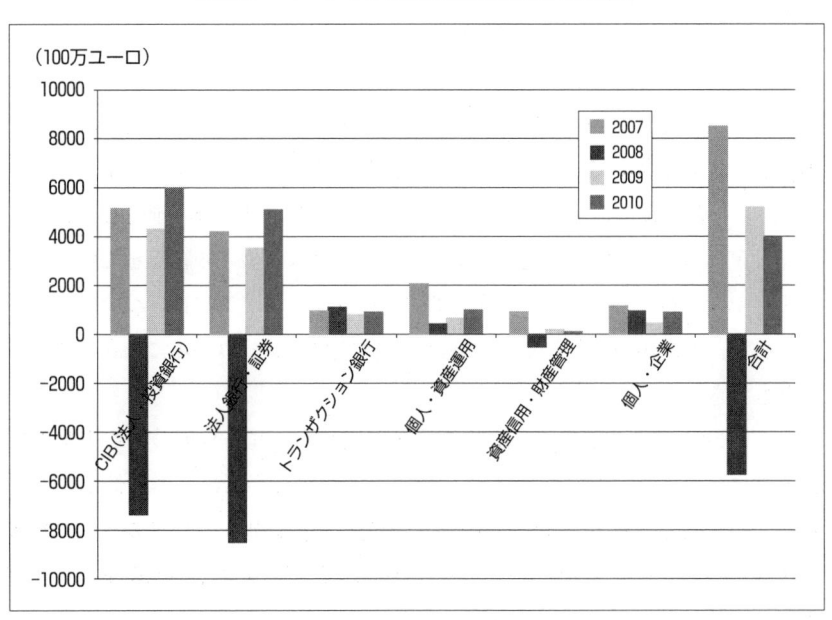

図表2-4 ドイツ銀行の税前利益部門別構成

(出所)ドイツ銀行アニュアル・レポートから作成。
(注)CIB部門=「法人銀行・証券」+「トランザクション銀行」
　　個人・資産運用部門=「資産運用・財産管理」+「個人・企業」

（CIB，法人・投資銀行部門）で約74億ユーロの損失が計上されており，いわゆるトレーディング業務（機関投資家やヘッジ・ファンドなど投資家に対するマーケットメイク業務。売買気配値を提示し，投資家との売買に応じる。投資家との売買のため，在庫として有価証券を保有するため，評価損益が発生しやすい。また在庫である顧客勘定と自己勘定の区分も議論されている。）による法人銀行・証券部門が赤字の主因であったことがわかる。ただし2010年にかけての業績回復でも，投資銀行部門のトレーディング業務が牽引している。2008年のトレーディングでの損失は証券化商品に起因すると推定される。他方，投資銀行部門でもトランザクション銀行業務による決済業務やキャッシュ・マネジメント業務は安定的な利益を生み，個人・資産運用部門も同様になっている。

　アメリカのサブプライム・ローンと証券化商品の破綻を契機として，金融機関の経営破綻が多発し，ドイツではコメルツ銀行（ドレスナー銀行を買収），バイエルン州立銀行，フランスではデクシア，パリバ，ソシエテ・ジェネラル，オランダではING，イギリスではRBS（ロイヤル・バンク・オブ・スコットランド）といった欧州を代表する銀行に公的資金が注入された。背景には銀行の貸出先が不足するなかで，有価証券での運用に依存し，また高いレバレッジ（借入）により資金調達していたことがある。デリバティブで資金調達し，証券化商品やデリバティブで資金運用する，といった経営スタイルになっていた。商業銀行や投資銀行といっても，内容的にはヘッジ・ファンドに近づいていたことになる。また銀行が著しく多国籍化し，過度にアメリカ市場に依存していたことも大きい。

　さらに欧州でも金融危機は実体経済へ拡大した。ユーロ圏の平均失業率は2004年には9％を上回ることもあったが，2007年後半には7％に低下していた。しかし2009年初頭には再び8％台に上昇した。国別にはアイルランドやスペインでの失業率上昇が目立っている。住宅など不動産業や観光産業の失速が主因と言われている。

　またアメリカと同様に，EUにおいても自動車産業が大きな影響を受けた。EUにおける自動車新車販売台数は2008年11月には前年比25.8％減，2009年1

月には同じく27％減となった。[15] 一般的な不況といった要因のほかにも，金融機関が破綻したため自動車ローンが受けにくくなったこと，リース販売と関連した自動車金融子会社の資金調達難といった問題がある。

　自動車のリース販売では，メーカーとしての親会社は金融子会社に自動車を販売する。したがって自動車の所有権は金融子会社に属し，一般利用者にリースされる。このため自動車金融子会社の資金調達が社債やCPで円滑に進むことが必要であるが，金融危機で社債やCPの発行が難しくなった。金融危機によって，市場型金融は機能停止に近づいたためである。すなわち自動車金融子会社の資金調達問題が，自動車販売を直撃した。またEU固有の問題として，環境規制が強化され，CO_2の排出量を基準に自動車税が増税されたこともあった。[16]

　しかしEUでも自動車産業は主要産業であり，2008年後半から自動車企業の破綻，経営危機が発生し，大きな問題となった。2008年11月にはドイツBMWが政府による銀行救済策の適用を表明した。[17] 11月末からは米GMとフォードが子会社であるSAABとボルボへの支援をスウェーデン政府に要請した。[18] 12月にはドイツVW（フォルクス・ワーゲン）が銀行救済策の適用によって，政府から公的資金の注入を受けた。[19] こうしてEUの自動車産業が危機に瀕し，金融のみならず，実体経済も巻き込んだ経済危機となり，各国政府やEUは金融危機対応策を迫られた。

　各国政府とならび，EUは，2008年10月に「金融危機から景気回復へ向けた欧州の取り組み」を発表した。その骨子は，①EU加盟国向け特別融資を250億ユーロに倍増，②うち65億ユーロをハンガリー向けに緊急融資，③欧州投資銀行（EIB）による自動車業界向け融資の強化④EU基金による雇用安定化，というものだった。[20]

　さらに11月下旬には，総額2,000億ユーロの景気対策（European Economic Recovery Plan）が発表された。財源負担はEUが300億ユーロに対し，加盟国各国政府が合計1,700億ユーロとなった。その骨子は，①付加価値税の引下げ，②EIBによる自動車業界貸付（環境対応の技術開発を中心に），③EIBによる中小

企業向け貸付,などであった。[21] この時点での付加価値税減税等が,2010年以降の財政危機をもたらした一因となった。

　以上のように,金融危機に対する緊急政策のなかで,公的金融としてのEIBは主要な役割を果たすこととなった。民間金融機関が公的資金の注入を受け,実質的に機能不全に陥るなかで,公的金融機関が自動車業界など民間への与信に大きな役割を担った。

　EUの対策を受けて,EIBは2008年12月に2009年から2010年にかけての危機対策(anti-crisis measure for 2009–2010)を発表した。EIBは2009年から2010年に貸付を年間150億ユーロ(30％)増加させるとした。その柱は,①中小企業向け貸付を2年間にわたり50％増加させる。民間銀行とのリスクシェアも検討する。②気候変動対策(自動車産業支援を含む)として,年間60億ユーロを追加で貸付する。これは自動車関係の環境対応措置を含み,研究開発によるCO_2削減を目指す。③中東欧支援として,EIBはすでに中東欧の銀行経由で,中小企業向けに50億ユーロ貸し付けた。金融危機対策はEUの一部の諸国に一定の不均衡な効果を持つので,格差是正の貸付を25億ユーロ増加させる。④これらの貸付のためにEIBは資本金を670億ユーロ増加させ,2,324億ユーロとする,とした。[22] 2007年のEIBによる貸付額は478億ユーロであったから,2009年から2010年にかけての年間150億ユーロ増額は少なくない規模と言えよう(図表2－3参照)。

　またEIBとは別に,欧州版世界銀行と言われるEBRD(欧州復興開発銀行)がある。EBRDは2009年2月に,EIBと中東欧向けに協調行動をとることを発表した。これはEBRD,EIB,世界銀行グループが共同で245億ユーロを中東欧向けに貸し出す,という計画である。

　以上で明らかになったように,元来EU共通財政が規模的に小さいこともあり,公的金融機関としてのEIBが補完する機能を担ってきたが,2007年からの金融危機においてEIBをはじめとする公的金融はプレゼンスを高めた。市場経済が比較的円滑に機能している期間には市場型金融で対応できるが,市場経済が混乱すると市場型金融では対応できず,公的金融の役割が大きくなる。

しかし，金融危機対応策によって，EU諸国やユーロ加盟国の財政赤字が拡大し，2010年からのユーロ圏の財政危機をもたらした可能性が高い。金融危機により景気が悪化したなかで，付加価値税などの減税によって税収が減少する一方で，危機対策の財源を確保するため支出が増加し，国債発行額が増加したためである。すでに述べたように，EU条約では過度な財政赤字（単年度財政赤字の対GDP比3％）を避けることが明記されている。しかし2009年時点でも，フランスなどユーロの基軸国でも財政赤字拡大が予想されていた。

同時に，ユーロの将来についての議論も2009年に強まった。一方では，金融危機に伴う財政赤字の拡大によって，財政のコンバージェンス（単年度財政赤字の対GDP比3％，累積財政赤字の対GDP比60％等）が危うくなり，ユーロの崩壊を懸念する見方もあった。しかし，他方では金融危機を契機として，独自通貨維持のコストが大きいため，デンマークとスウェーデンがユーロ参加を表明し，ユーロが拡大する可能性もでていた。

2009年4月現在では，EU諸国はアメリカからの財政支出拡大の要求に強く抵抗していた。EU議長国のチェコのトポラーネク首相は，アメリカの財政支出拡大に対し，「地獄への道」とまで欧州議会において発言し，物議を醸した。[23)] こうしたEUの財政赤字拡大への抵抗もあったが，金融危機による財政赤字拡大が2010年以降のユーロ圏財政危機の一因となっていった。

6 まとめに代えて

統一通貨ユーロの導入に伴い，EUでは国民国家の変容が進んだ。通貨発行権のECBへの移譲，財政赤字に関する財政自主権への制限がなされている。EUの共通財政は農業補助中心から，地域格差是正へと力点を移してきたものの，依然として規模は小さい。財政による地域間格差の是正が望まれるが，その機能は制約されている。そこで共通財政を公的金融が補完してきた。欧州投資銀行（EIB）はEUの公的金融機関として，加盟国に融資し，EU統合を推進している。さらに2007年からの金融危機において，国家財政の拡大が制約され

ることもあり，公的金融の役割が大きくなっていった。

　金融政策の面でも，ECBの政策金利は2009年3月現在で1.5％（主要レポオペ）と極めて低くなっていた。したがって，金融危機が収束するまで，公的金融としてEIBが活用されることとなった。ただし，財政面からも減税措置がとられ，税収減少によって，2010年以降の財政危機をもたらすこととなった。

（注）
1）　池上　淳,「国際財政論の対象領域」,『現代財政学体系　4　現代国際財政論』, 有斐閣, 1973年, 4ページ。
2）　内田勝敏, 清水貞俊編著,『EU経済論』, ミネルヴァ書房, 2001年, 1ページ。
3）　鈴木武雄,『近代財政金融』, 春秋社, 1966年, pp99〜128参照。
4）　財政赤字の上限に関する規定は，EU（マーストリヒト）条約の注記による。
5）　EUの統計に関するホームページであるEurostatによる。
6）　代田　純著,『現代イギリス財政論』, 勁草書房, 1999年, pp216〜237を参照されたい。
7）　European Commission, *The Allocation of 2004 EU Expenditure by Member State*およびhttp://ec.europa.EU/budget/reform等を参照。
8）　*Financial Times*, October 22, 2008
9）　*Financial Times*, December 3, 2008
10）　2006年におけるEIBの新規融資が減少したことは，制度変更（グローバル融資廃止，クレジット・ライン導入）やハンガリーなど加盟候補国の加盟，といった要因によるもので，一時的な現象と考えられる。
11）　European Investment BankのHPによる。
12）　2009年1月には，ロシアがウクライナ経由での天然ガスパイプライン輸送を停止するという事態が発生した。新聞報道によると，ドイツでも39％，フランスでも16％が，天然ガスにおけるロシアのシェアとなっている。EU全体でも天然ガスの約25％がロシアに依存している。石油に比べ，二酸化炭素発生量が少ない天然ガスは環境面でも優れている。こうした事情からもエネルギー関係の輸送はEUで重要な課題である。*International Herald Tribune*, January 8, 2009
13）　EIB, *Annual News Conference 2009*, 9 March 2009
14）　*Financial Times*, February 6, 2009　ドイツ銀行の最終赤字は1957年の再統合以来初めてである。しかし，この決算においても，売買目的の債券（時価評価）を

満期保有目的の債券（簿価評価）に移行させるなど，時価会計凍結の処理が指摘されている。

15) European Automobile Manufacturers' Association, *New Passenger Car Registrations*, http://www.acea.be
16) スペイン，イタリア，フランスは2008年から自動車税をCO_2排出量基準に変更した。この措置でCRVディーゼル（中・大型車でCO_2排出量が多い）などは大幅な販売減少になったと言われる。
17) *Financial Times*, November 5, 2008
18) *Financial Times*, December 1, 2008
19) *Financial Times*, December 9, 2008
20) *Frankfurter Allgemeine*, October 30, 2008
21) Commission of the European Communities, *A European Economic Recovery Plan*, November 26, 2008
22) European Investment Bank, *EIB Directors approve anti-crisis measures for 2009–2010*, December, 16, 2008
23) *Financial Times*, March 26, 2009

第3章

金融危機の中東欧への波及と現状

1 はじめに

　本章は，金融危機以降における銀行貸出と不良債権問題について，中東欧を中心に検討する。結論としては，2009年決算（2009年12月期）で公表されているデータからは，欧州の銀行貸出と不良債権の発生について，好転しているとは言い難く，回復は2010年以降になった。2011年現在，中東欧は回復しつつあるが，依然として厳しい面も残っている。

　まず2002年以降での，ユーロ圏における銀行貸出の動向を見ると，2004～2005年に非居住者向け貸出が急増した。金融危機以降，非居住者向け貸出は減少したが，この部分が2010年現在不良債権化している。またユーロ圏内での非金融法人（企業）向け貸出も低迷している。

　ユーロ圏では伝統的に企業金融は自己金融を基調としてきたが，現在でもこうした傾向は継続している。また製造業大企業ではオランダでの金融子会社経由での資金調達を強めており，銀行離れが決定的になっている。こうした背景において，ユーロ圏での銀行は非居住者（中東欧等）向け貸出を増加させ，同時に周辺（Periphery，ギリシャ，ポルトガル，スペイン，アイルランド）国債の保有も増加させた。

　ユーロ圏の銀行（オーストリア，ドイツ系など）は中東欧に支店形態や現地法人で銀行を開設し，親銀行から貸し出した。中東欧における貸出の多くは，外貨建てであり，ユーロ建て，スイスフラン建て等が中心であった。同時に中東

欧諸国の為替制度は変動相場制が多く，金融危機以降，現地通貨は対ユーロや対ドルで急低下した。このため現地通貨建てで見た実質負担は，家計でも法人でも急増し，これが不良債権発生の契機となった。

2011年現在，欧州系銀行は自己資本比率（バーゼルⅡ）で基準をクリアしている。しかしIMFの推計やEBA（欧州銀行監督機構）のストレステスト等では，今後の不良債権処理や国債価格低下の動向によっては，利益だけでは対処できず，自己資本の取り崩しも予想されている。この場合には，自己資本比率を維持するため，欧州系銀行による増資が相次ぐと見られる。

この課題に関する最近の研究としては，金融学会報告[1]や証券経済学会報告[2]などがあり，筆者も複数の論文を書いてきた。[3] 従来の研究においても，ハンガリー等へのIMF支援問題や，欧州系銀行による中東欧向け貸出が外貨建て中心であったこと等は明らかにされてきた。またドイツにおいては，大銀行が大企業金融，信用協同組合や貯蓄銀行が地域の中小企業金融といった分担関係にあったこと，また金融危機で大銀行や州銀行で損失が大きいこと，等も明らかにされている。しかし，2009年以降における不良債権や引当金の状況，さらにはBIS自己資本比率への影響については検討されていない。

2 ユーロ圏での貸出動向

まずユーロ圏での貸出動向を明らかにしておく。[4] 図表3－1がユーロ圏の貸出伸び率（ECB, Monetary Financial Institution, Loans outstanding, 証券投資を含まない）を示す。2001年末に貸出残高は9兆1,046億ユーロであったが，2008年末に14兆9,872億ユーロに増加した。しかし2009年以降，貸出は減少に転じた。2009年第三四半期には14兆5,725億ユーロへ減少した。

第一の特徴は，2003年から2005年にかけて非居住者向けが急増し，2005年には非居住者向け貸出は25.6％増という伸び率に達したことである。2004年5月に中東欧を中心にEU新規加盟国が10カ国あった。これらの新規加盟国ではEU加盟により資本移動が自由化された。こうした背景での欧州系銀行による中東

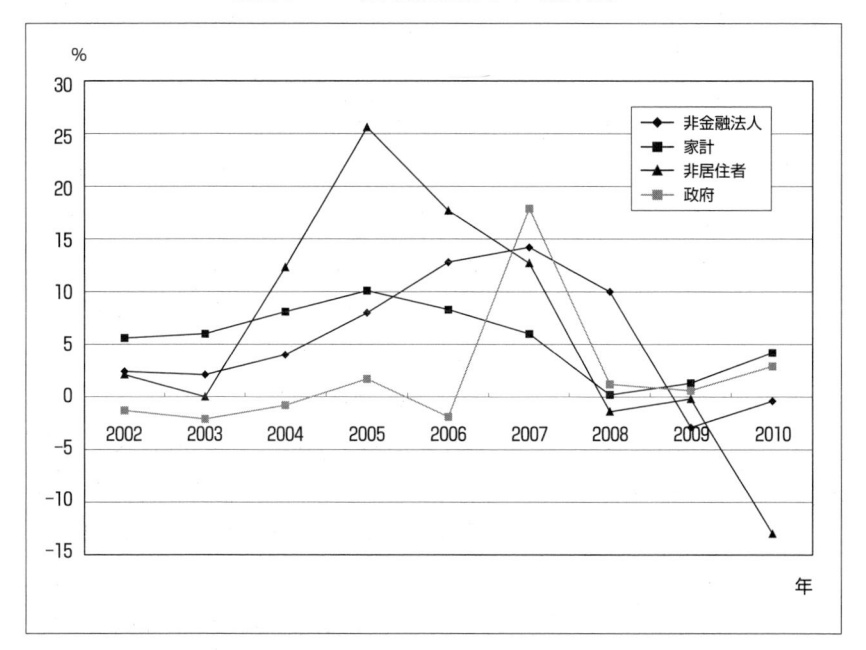

第3章　金融危機の中東欧への波及と現状

図表3-1　部門別貸出伸び率（前年比）

［グラフ：非金融法人、家計、非居住者、政府の貸出伸び率（2002-2010年）］

（出所）ECB, *Monthly Report* から作成。

欧向け貸出が今日，大きな不良債権要因となっている。

　中東欧は2000年以降4〜8％程度の高い実質成長率を金融危機前まで続けた。EU新規加盟国では2004年まで直接投資中心の資金流入であったが，2005年以降は「その他収支」（銀行貸出・借入等）中心となった。2005年以降，新規加盟国向け貸出では，銀行向け与信が中心であり，非銀行向けは30％程度であった。しかし金融危機以降の2009年，実質成長率はバルト3国のうち，ラトビアで-18％，エストニアで-13.9％（いずれもIMF）となった。金融危機で資金の国外流出が増加した。[5] しかし2010年には，リトアニアで実質成長率は1.33％，ハンガリーで1.2％と回復に転じた面もある。

　第二には，家計向け貸出は2003年に6％増，2005年に10.1％増となったが，2009年には1.3％増となった。その後も低い伸びとなっているが，家計向けは

法人や非居住者向けに比べ、底堅い伸びとなっている。家計向け貸出の70％が住宅ローンとなっており、家計向け貸出は住宅ローンによって規定されている。

　第三には、非金融法人（企業）向け貸出が2006年に12.8％増と高い伸び率になったが、2009年第一四半期に0.3％増、第二四半期に0.8％減、第三四半期に1.3％減と低迷が続いた。企業向けは非居住者向けに準じて縮小してきたが、2009年第四四半期には、非居住者向けが0.8％のプラスに転じたものの、企業向けは0.9％減となった。企業向け貸出の期間構成としては、50％程度が5年以上と長期中心である。企業向け貸出は低迷しているものの、2009年年末の残高は4兆6,985億ユーロで、全体の貸出残高14兆5,811億ユーロの32.2％と最大の貸出部門であり、貸出動向への影響は大きい。2010年も非金融法人向けは－0.4％とマイナスが続いた。

　第四には、政府向け貸出は2009年第三四半期末に9,943億ユーロで、貸出合計の6.8％となっていた。5,182億ユーロが地方（州除く）政府向け貸出で中心となっている。日本と同様、地方自治体の債務は借入形態が多い。金融危機前には政府向け貸出は漸減していた。これは州政府を中心に、証券形態でのファイナンスが増加したため、と見られる（以下で分析するように、この州政府の銀行離れがドイツ州立銀行の経営危機を促す一要因であった）。しかし金融危機以降、政府向け貸出は増加傾向にあり、2008年の9,677億ユーロから2010年には1兆17億ユーロに増加している。金融危機により、中央政府と地方（州除く）政府向け貸出が急増し、2007年には18％増となった。地方（州除く）政府は依然として、銀行借入への依存度が強く、地方政府向け貸出が政府向け銀行貸出を支えている。

　しかし、銀行貸出の中心は非金融法人向け貸出であり、ユーロ圏では貸出は2009年から2010年には減少した。同時に非居住者向けも縮小した。ユーロ圏では、こうした貸出状況であり、ドイツでは2009年に信用収縮が大きな争点となった。[6]

3 ユーロ圏での企業金融

　以上で明らかにしたように、貸出は2009年に縮小傾向にあり、特に企業向け貸出が減少していた。以下では中小企業金融の状況を踏まえて、大企業中心に銀行離れが定着したことを示す。

（1）　大企業と中小企業金融

　日本と異なり、ユーロ圏では企業規模別の貸出残高等は公表されていない。しかし欧州中央銀行（ECB）は、The Euro Area Bank Lending Surveyというアンケートを実施しており、これにより中小企業をめぐる若干の動向を入手できる。このアンケートは、中央銀行であるECBが、ユーロ圏の銀行に対し、「最近3カ月間で、御行の企業向け貸出、およびクレジット・ラインに適用される基準は変化したか？」と質問するものである。この質問に対する回答で、|(かなり引き締め) + (いくらか引き締め)| － |(かなり緩和) + (いくらか緩和)| を貸出態度指数と呼ぶ。貸出態度指数の数値が高いほど、引き締め基調にある。このアンケートと質問は、企業規模別に実施されており、ユーロ圏での企業金融を企業規模別に見るうえで、重要な手がかりとなっている。金融危機前の2007年7月（8月発表）には、貸出態度指数は、大企業が－1、中小企業が－7でかなり緩和されていた。しかし金融危機後の2009年1月（2月発表）には、大企業が63、中小企業が63とかなり引き締められている。ただし2009年後半に、緩和方向へ変化している。

　2011年7月現在、こうした傾向は継続している。2011年7月発表の貸出態度指数によると、中小企業が3、大企業向けが6（4月発表）から3へ低下している。特に、短期貸出では貸出態度指数は－3と緩和されているが、長期貸出では4（4月発表）から8へ上昇し、引き締められている。全体として、銀行の貸出態度が緩和されているならば、企業の資金需要が伸び悩んでいる可能性もある。

　「大企業向け」と「中小企業向け」ではほぼトレンドは同じと読み取れるが、

金融危機が発生してから2007年8月から2008年12月までほぼ「大企業向け」が「中小企業向け」を上回っている。このため「大企業向け」が厳しい，「中小企業向け」が緩和されているとも読める。以下で明らかにするように，部分的には中小企業金融が相対的に緩和されている，と言える。これは大企業金融を主として担ってきた大銀行で金融危機による損傷が大きい一方，中小企業金融を主として担ってきた貯蓄銀行や信用協同組合では金融危機による損傷をほとんど受けていないため，である。大銀行では貸出が伸び悩む，もしくは減少している一方，貯蓄銀行・信用協同組合では貸出は増加している。しかしユーロ圏の中小企業金融において，銀行借入が容易になっている，とは言い難い。

　ECBが中小企業向けに実施している別のアンケートでは，中小企業と銀行借入について厳しい回答が多い。[7] ユーロ圏の中小企業は，「銀行借入の必要が高まった」との回答が，2009年前半に19％であったが，2009年後半には25％へ上昇した。しかし「銀行貸出の適用可能性（アベイラビリティー）が減少」したとの回答は，同時期に全体で－33％であったが，依然－32％となっている。特にドイツでは，－24％から－32％と悪化している。またスペインでも－51％から－48％と厳しい状態が続いている。また「銀行貸出に期待」するとの回答では，ドイツで－8％から－14％とネガティブな回答がさらに悪化し，全体でも－4％から－6％と悪化した。ユーロ圏で中小企業の銀行借入は依然厳しい側面もあると言える。

　ドイツにおける企業金融の分担関係として，大企業―大銀行，州銀行―州政府，中小企業―貯蓄銀行・信用協同組合とされてきた。[8] 図表3－2は最近のドイツにおける，業態別非金融法人向け貸出伸び率を示している。第一に，大銀行による貸出が2002〜2005年にかけ，著しく減少した。これはドイツでの金融システムが揺らいだためである。ドイツ統一に伴う「特需（バブル）」が崩壊し，大銀行も投資銀行等で損失を計上した。2007年ごろ一時回復したが，金融危機以降，再び減少している。大銀行は証券化商品などで金融危機による損傷が大きいためである。[9] このため大銀行は2008〜2009年に，大企業金融で厳しい貸出姿勢となっていた。

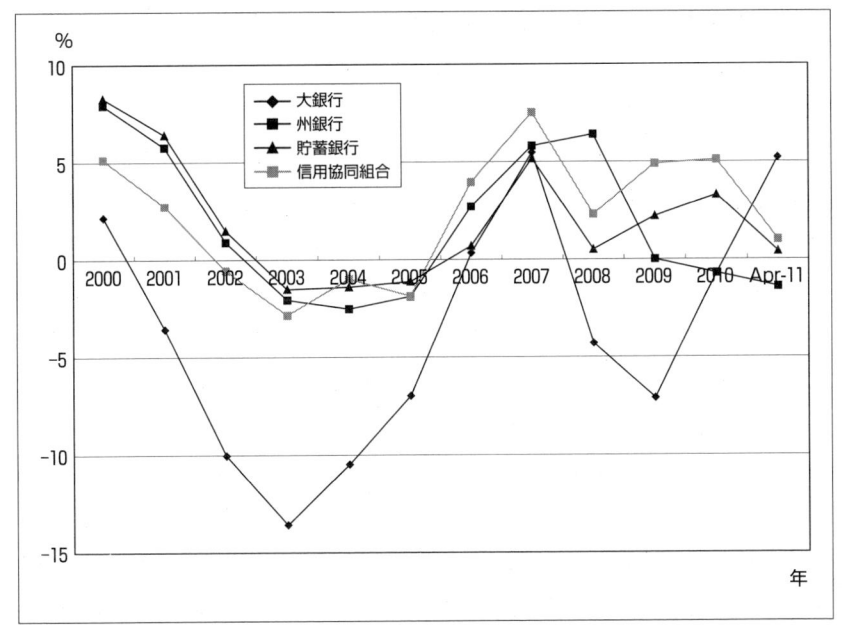

第3章 金融危機の中東欧への波及と現状

図表3-2 ドイツ業態別法人向け貸出増減率

(出所) Deutsche Bundes Bank, *Monthly Report* から作成。

　第二に，州銀行も近年低い伸び率となっている。ザクセン，バイエルン，ウエスト，ノルドの4州銀行が危機で損失を計上し，公的資金注入の対象となった。ドイツの州銀行はいずれも大銀行に次ぐ規模であったが，州政府のファイナンスが証券化し，主要な貸出先を失ったことも一因と見られる。

　英エコノミスト誌は，ウエスト州銀行は4年間で4回目の公的救済と報じた。[10] またインターナショナル・ヘラルド・トリビューン紙は，バイエルン州銀行の破綻で，東欧への拡張がバイエルンの納税者に37億ユーロに負担をもたらした，と報じた。[11] バイエルン州銀行のアニュアル・レポートによると，2009年の税前利益は全体で27.7億ユーロの赤字であったが，部門別には「東欧関係」で34.6億ユーロの赤字である。2010年決算でも，縮小したものの，東欧関係は4億ユーロの赤字であった。

第三に，貯蓄銀行・信用協同組合が高い貸出伸び率となっている。貯蓄銀行や信用協同組合では，金融危機での損傷がないことが大きい。これは，これらの業態では証券保有が規制されてきたことも背景にある。このため中小企業金融は比較的緩い状態になっている。

　図表3－2で，2008年以降の業態別貸出残高動向を見ると，大銀行と州銀行の貸出は減少し，貯蓄銀行と信用協同組合の貸出は増加している。特に大銀行での貸出減少は著しく，2009年11月の貸出残高5,566億ユーロは12月に5,290億ユーロへ，前月比5％減となった。12月は決算月でもあり，貸出が強力に削減されたものと推定される。[12] また州銀行の法人向け貸出残高も2008年末には6,761億ユーロであったが，2011年4月に6620億ユーロまで減少した。

　ドイツにおける業態別純金利収入（粗金利収入－粗支払金利）の対総資産比率を見ると，大銀行は1％前後，州銀行は0.6％前後で最低となっており，貸出の収益性が低いことがわかる。これは大銀行を中心として，貸出先に大企業が多く，貸出先の信用度が高いことも一因である。また大企業などホールセール領域では，銀行間の競争が激しいことも一因と推定される。しかし利鞘が薄いことは，不良債権処理の進捗が遅いことも意味する。他方で，貯蓄銀行・信用協同組合は2～2.5％であり，貸出の収益性が高い。[13] これは不良債権が発生しても，吸収しやすいことでもある。

　図表3－3はドイツ最大の銀行である，ドイツ銀行の不良債権額（ドイツ国内，ドイツ国外）と同貸出残高比率を示している。まず注目されることは，ドイツ銀行の貸出残高は2009年末には減少し，2008年年末の2,693億ユーロから2009年末に2,581億ユーロに減少した。しかし2010年年末には4,077億ユーロまで回復した。第二に，2009年に不良債権は2007年比で約3倍増加したことである。不良債権は2007年の31.4億ユーロ（国内外合計）から，2009年に89.1億ユーロ（同）に増加した。第三に，2007年から2009年にかけ，ドイツ国内の不良債権は横ばいである一方，ドイツ国外で不良債権が7倍近く増加した。非ドイツ不良債権は2007年の9.8億ユーロから，2009年には66.7億ユーロに急増した。非ドイツの不良債権は2010年に減少したものの，依然として59億ユーロと高水準

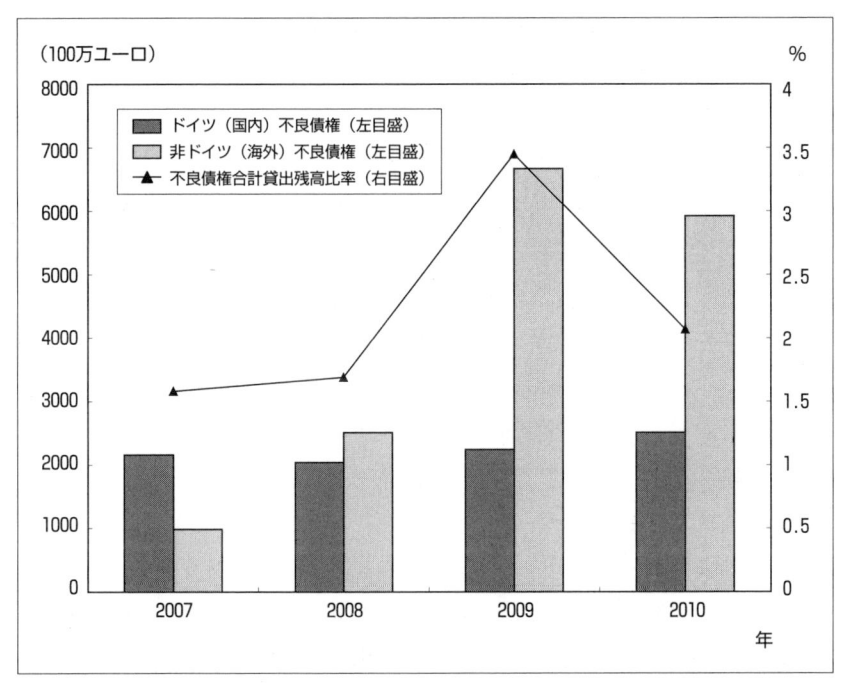

図表3-3　ドイツ銀行の不良債権

（出所）ドイツ銀行アニュアル・レポートから作成。

にある。第四に，貸出残高に対する不良債権残高比率も上昇した。2007年における1.58％から，2009年には3.45％へ上昇した。2010年には同比率は2.07％まで低下したが，貸出の増加に起因すると見られる。[14] 大銀行としてのドイツ銀行でも不良債権は海外中心に発生し，2010年現在，峠を越えたという状態にある。しかし2011年以降の，南欧問題による影響は予断を許さない。

英エコノミスト誌は，「ヨーロッパの企業信用収縮」と題し，2009年以降，欧州で企業の銀行借入は制約されている，とした。[15] また同誌はドイツの銀行の貸出損失／貸出残高比率は2009年に1.6％程度まで上昇し，貸出損失／コア自己資本比率は2009年16％台であったが，2010年に9％台へ低下する，と予測した。[16]

（2） ドイツの大企業と金融子会社

ついでドイツの大企業が近年，金融子会社経由のファイナンスを増加させ，銀行離れを加速させたことを明らかにしたい。その前段階として，ドイツ企業全体の資金調達と運用について検討しておく。

2007年にドイツ企業の資金調達額は2,808億ユーロであったが，うち内部資金は1,579億ユーロであり，外部資金は1,229億ユーロであった。[17] さらに内部資金は，利益の資本繰り入れが289億ユーロ，減価償却費が1,141億ユーロであった。このように，現在でも企業金融は自己金融を基本としている。バランス・シート上の自己資本比率はドイツ企業全体で24.9％，銀行借入／総資本比率は13.6％となっている。総じて，自己金融傾向が強く，銀行貸出への依存は小さいと言えよう。こうした傾向は2008年においても変化していなかった。[18]

金融危機を経て，2009年には内部資金依存は一層強まった。2009年にドイツ企業の資金調達額は245億ユーロに激減したが，うち内部資金は900億ユーロであり，外部資金は－655億ユーロ，すなわち655億ユーロの返済となった。外部資金のうち，短期負債（借入）が790億ユーロの返済となった。2009年の企業財務の特質は，短期を中心に負債（借入）を削減し，在庫投資，設備投資とならび，金融資産を減らしたことである。金融危機以降，ドイツ企業は総資産を圧縮し，負債を返済したので，内部資金中心の傾向はむしろ強まった。

こうしてドイツ企業全体で自己金融の傾向が強い。さらに大企業では法的には独立した子会社を増加させているが，特に海外金融子会社が重要な役割を果たしている。ドイツ製造業の主要な財務指標を，グループ親会社（海外金融子会社を保有）と非関連（独立）企業について比較してみよう。第一に，グループ親会社では負債が増加し，非関連企業では減少している。グループ親会社では関連企業への負債は，1997年の9.1％から2006年に22.9％へ上昇した。これはグループで金融子会社経由の資金調達が増加しているためと見られる。

第二に，グループ親会社では有形固定資産投資が減少し，その他株式長期投資が増加している。先進国の製造業大企業では共通して設備投資は低迷し，株式等金融資産への投資は増加している。第三に，親会社の原材料費は対売上高

第3章　金融危機の中東欧への波及と現状

比で55.7％から68.6％へ上昇した。これはグループ親会社では，関連会社からの中間財購入が増加したためと見られる。第四に，非関連企業では株式（自己）資本比率が上昇した。これはドイツにおいても，近年直接金融の比重が上昇したためと見られる。

ドイツの大企業では海外金融子会社の増加が目立っている。特にオランダ金融子会社が税制上の理由で増加している。オランダ金融子会社の負債利子は法人税が非課税となり，子会社の利益（課税所得）はドイツの課税から免れるためである。金融子会社は国際金融市場で債券を親会社からの担保や信用保証によって発行し，親会社や関連企業に貸付している。

ドイツ大企業（オランダ金融子会社を有する12社）の金融指標を見ると，第一に親会社の単独勘定において，銀行借入は総資本の1.1％に過ぎない。第二に，反面，親会社では関連企業への負債は37.3％となり，株式，引当金を上回る。第三に連結勘定で債券発行は19.8％となり，金融子会社が中心となり資金を調達している。[19] 金融子会社の発達は，ドイツ大企業の銀行離れを決定づけた，と言っても過言ではないだろう。

4　非居住者向け貸出の急増と不良債権

図表3－1でユーロ圏銀行貸出の伸び率で見たように，2004～2005年を中心に非居住者向けは極めて高い伸びを示した。しかし2008年以降，減少（マイナス伸び率）となった。2004年5月に中東欧10カ国がEU加盟となり，欧州系（西欧州系）銀行による新加盟国向け貸出が2004～2005年に急増した。この中東欧向け貸出が2008年以降，多くが不良債権となった。

2010年現在，欧州系銀行は3つの不安要因（不良債権）を指摘されていた。中東欧向け，ギリシャなど南欧向け，UAE（ドバイ）向けである。図表3－4はEU主要国国籍銀行の対中東欧向け貸付残高（2007年3月～2011年3月）を示している。BIS資料によると，欧州系銀行は中東欧向け貸出残高として，2009年6月1兆759億ドル，同9月1兆1,012億ドルを有していた。このほか，南欧

(いわゆる周辺国である，ポルトガル，アイルランド，イタリア，ギリシャ，スペイン）向けが3兆ドル強（うち約1兆ドル程度はイタリア向け），UAE向けが885～886億ドルあった。しかし図表3－4が示すように，2011年3月現在，欧州系

図表3－4　中東欧向け貸出残高

（単位：100万ドル）

借入＼貸出		欧州系銀行計	オーストリア	ベルギー	フランス	ドイツ	イタリア
ルーマニア	2007・3	89,921	31,248	397	13,523	18,502	8,091
	2009・3	109,823	40,299	1,084	15,447	3,718	12,461
	2011・3	109,423	42,898	458	12,799	2,860	13,795
ポーランド	2007・3	163,711	11,188	12,725	9,052	30,798	40,952
	2009・3	222,342	12,649	19,471	18,916	45,467	35,728
	2011・3	295,774	16,384	17,440	27,860	62,176	48,196
ハンガリー	2007・3	104,777	27,152	13,265	5,473	26,633	19,643
	2009・3	128,683	33,801	16,869	9,684	30,260	24,306
	2011・3	125,699	41,175	16,640	7,398	25,811	23,256
クロアチア	2007・3	66,128	27,587	278	7,600	4,260	25,095
	2009・3	73,696	22,349	407	6,099	15,790	26,981
	2011・3	81,506	36,711	209	6,238	3,444	33,532
チェコ	2007・3	126,925	39,315	31,330	25,973	7,647	12,906
	2009・3	154,405	52,333	40,642	28,616	10,552	12,725
	2011・3	205,085	75,531	51,499	40,985	10,226	16,620
ロシア	2007・3	117,688	13,902	1,334	9,498	37,041	13,641
	2009・3	178,819	19,927	7,268	39,786	35,100	23,556
	2011・3	164,252	N.A.	4,408	40,173	28,248	26,424
トルコ	2007・3	97,284	989	14,092	12,476	16,986	0
	2009・3	114,155	1,028	13,452	15,907	16,145	N.A.
	2011・3	168,593	1,391	2,589	30,197	19,573	5,058
スロベニア	2007・3	25,121	10,296	2,348	2,256	5,236	3,209
	2009・3	37,241	9,233	2,390	3,451	12,455	7,280
	2011・3	37,721	16,917	1,023	3,762	4,811	8,778
スロバキア	2007・3	55,759	23,267	8,543	1,499	2,611	15,346
	2009・3	63,493	26,934	8,431	4,774	3,447	17,357
	2011・3	73,362	32,975	8,318	5,085	3,980	19,711
合計	2011・3	1,261,415	263,982	102,584	174,497	161,129	195,370

（出所）BIS, *Consolidated banking statistics* から作成。

第3章 金融危機の中東欧への波及と現状

銀行の中東欧向け貸出残高は1兆2,614億ドルであり，大枠としては，増加してさえいる。部分的には減少した貸出もあるが，全体として2011年3月現在で，回復しつつある。したがって，ユーロ圏銀行の貸出が減少した相手先は主として，南欧の周辺国と見られる。

中東欧向け貸出残高はオーストリアが最大である。2009年6月現在，オーストリアから中東欧向けに2,064億ドルが貸し出されていたが，2011年3月現在，2,640億ドルに増加している。なかでもルーマニアに429億ドル，ハンガリーに412億ドル，チェコに755億ドルが中心であり，いずれも高い増加率となっている。オーストリア系銀行は2011年現在，中東欧にかなり積極的に貸し出している。

中東欧向け貸出の2位は2009年にはドイツで同年6月1,726億ドル，9月1,700億ドルであったが，ドイツは2011年3月に1,611億ドルと減少した。ドイツからの貸出減少は，特にルーマニア，クロアチア，スロベニアなどで顕著であった。ルーマニアではドイツからの貸出が2007年3月には185億ドルあったが，2011年3月には29億ドルまで減少した。このほか，ハンガリーのようなドイツの主要貸出国でも貸出が減少し，2009年3月の303億ドルから，2011年3月には258億ドルへ減少した。

ドイツに代わり，イタリア系銀行が中東欧向け貸出で第二位となった。イタリアの中東欧向け貸出は2011年3月現在，1,954億ドルに増加した。イタリアはほとんどの中東欧諸国向けで貸出を急増させているが，ルーマニアでは2007年の81億ドルから2011年に138億ドルと倍増に近いほか，欧州系銀行の最大貸出先となっているポーランドでも482億ドルを貸し出している。2011年11月現在，イタリア国債の利回りが7％に上昇し懸念されているが，銀行の資金調達コストに影響する可能性がある。

しかし中東欧向け貸出残高首位であるオーストリアの経済規模からすれば，中東欧向け貸出残高は大きい，と言わざるをえない。またオーストリアの銀行自体が3,300億ドル超の対外債務を有している。オーストリア向けの貸出国としては，イタリアが最大で1,051億ドル（2011年3月現在）となっている。これ

にドイツが904億ドル（同）で続いている。イタリアは南欧諸国の一角として，欧州系銀行に約8,192億ドル強（2011年3月）の対外債務を負っており，その中心は仏から4,049億ドル，ドイツから1,649億ドルである。したがって，オーストリアの中東欧向け貸出が焦げ付いた場合，オーストリア向けに貸し出すイタリア，さらにイタリア向けに貸し出す独仏といった連鎖的な影響が発生するリスクがある。

　中東欧の借入国としては，ポーランド2,958億ドル（ドイツ中心），ロシア1,643億ドル（独仏中心），チェコ2,051億ドル（オーストリア中心），トルコ1,686億ドル（独仏中心，いずれも残高は2011年3月現在）が大きい。[20]

　南東欧で強い関与をしてきた銀行について，バンカー（The Banker）誌が特集を組んでおり，東欧関係ではオーストリアの銀行として，Erste, Raiffeisen, Volksの銀行名が挙がっている。また，ドイツの銀行としては，バイエルン州銀行が挙がっている。[21] バンカー誌の世界の銀行1000によると，93位にエルステ，97位にライッフェイセン，171位にオーストリア・フォルクスがランクされている。[22] 以下では中東欧向け貸出に関連する銀行について，国別・個別的に検討する。

（1）　オーストリア系銀行の動向

　中東欧の銀行部門（欧州系銀行の現地法人を含む）では，国内預金を与信が大幅超過していた。対外負債で調達（欧州系親銀行から）しており，ルーマニアでは銀行総資産の24.9％が対外負債であり，ウクライナでも同21.4％となっていた。[23] こうした傾向は2010年末現在でも継続しており，ほとんどの中東欧諸国の銀行では，純対外債務超過である。

　オーストリア系銀行は国内外で外貨建て貸出を拡張した。中東欧・南東欧（CESEE）においてオーストリア系銀行の現地法人は2009年6月末，1,630億ユーロの貸出残高があったが，49％（798億ユーロ）が外貨建てであった。外貨建て貸出は，構成比でクロアチア，ハンガリー，ルーマニアに集中し，52％を占めていた。通貨はユーロ建てが中心であるが，スイスフラン，米ドル建ても

第3章　金融危機の中東欧への波及と現状

ある。外貨建て貸出への引当金は近年急速に増加していた。[24] 2010年末現在、家計に対する貸出のうち、外貨建て貸出の比率は、ハンガリー、ルーマニア、クロアチアなどでは、65～75％であり、上昇すらしている。

　オーストリアの銀行が中東欧諸国に進出し、貸出を増加させる最大要因は、国内に比較して、貸出利鞘が大きいことである。オーストリア国内での利鞘は、ユーロ圏では最も低く、1.09％（2010年末）である。しかしユーロ圏平均の利鞘は1.54％であり、また中東欧諸国向けでは3％を超えると推定される。

　こうした傾向はドイツの銀行でも共通していた。ドイツからの中東欧向け貸出は、ポーランド、ロシア、ハンガリーが中心であった。2009年8月時点で、ドイツによる中東欧向け貸出残高は1,292億ユーロ（大銀行と州銀行の合計）だが、上記3カ国だけで843億ユーロで、自己資本の62.5％にあたった。しかもポーランド向けの約50％はユーロ建て、ハンガリー向けの約70％もユーロ建て、ロシア向けの約60～70％はドル建てであった。[25]

　外貨建て貸出は、金融危機による為替レートの激変で、債務者に負担を急増させた。対ユーロ（2008年9月～2009年2月）でチェコ・クローネは17.1％低下、ポーランド・ズロチ31％低下、ハンガリー・フォリント22％低下、ウクライナ・リブニア（hryvnia）は34.6％低下となった。中東欧の現地で借り入れてきた企業や家計は、収入が現地通貨建てであるが、外貨建てで返済しなければならない。現地通貨の価値が低下したため、元利返済負担は急増し、利払いが滞った。[26] ウクライナでは不良債権（Nonperforming loan）対総貸出比率は2007年の13％から2009年上半期には30％へ上昇し、引当率も4％から8％へ上昇した。[27]

　2011年5月現在、チェコ・クローネは2008年9月の対ユーロ為替水準まで回復したが、ポーランド・ズロチ、ハンガリー・フォリント、ルーマニア・レウ、ロシア・ルーブルは2008年9月比で依然として10～15％低下している。ウクライナ・リブニアは40％低下している。こうした為替レートも一因となって、ウクライナなどCISでの不良債権比率は2010年12月時点で、外貨建てで30％近くに上昇した。

オーストリアの銀行全体では，業務利益（operating profit）は2006年92.4億ユーロから2008年78.6億ユーロへ減少した。しかし2010年には135億ユーロまで回復した。またROE（Tier1）は同じく24％から2％へ急低下したが，2010年には8.2％まで上昇した。[28]

オーストリアの銀行全体で，新規貸出に伴う損失準備金は2010年に78億ユーロと2009年比30％低下したが，金融危機前の2007年に比較すると倍以上である。しかし，オーストリア系銀行の中東欧子会社では，2008年の約40億ユーロの利益から，2009年には約20億ユーロに減少したが黒字であり，2010年には約21億ユーロに増加した。損失準備金等の信用コスト率は2007年の3％未満から，2010年には約7％へ上昇したが，利益の発生状況が貸出増加を促している。

（2） エルステ銀行の場合

オーストリアの中東欧向け（ロシア，バルト等含む）貸出は，自国の対GDP比率で60％を超え，EU諸国のなかでずば抜けて高い。ベルギー約25％，スウェーデン約20％でオーストリアに続く。[29] エルステ銀行はオーストリアの三大銀行の一角である。ただし2008年11月下旬に，政府から27億ユーロの資本注入を受けている。

エルステ銀行の主要指標を見ると，2010年末現在，資産残高がオーストリア国内と中東欧でほぼ半々となっている。従業員の分布では，2008年現在，国内16,369名，海外37,478名と海外中心であったが，2010年現在，ほぼ同様である。しかし，2008年現在，特にルーマニアが11,564名，チェコが11,564名と多かったが，同順で2010年には9,077名，10,744名と削減された。[30] ルーマニアでは図表3－5が示すように，貸倒引当金など信用コストが増加し，利益が減少し，従業員が削減されたと見られる。

エルステ銀行のバランス・シート構成としては，連結総資産2,059億ユーロ（2010年末），金融機関貸出125億ユーロ，顧客向け貸出1,327億ユーロとなっており，商業銀行機能が中心となっている。現在，中東欧向けの貸出が多く，不

第3章　金融危機の中東欧への波及と現状

良債権問題で懸念される銀行は，投資銀行路線をとらず，商業銀行機能を踏襲している銀行が多い。エルステ銀行のTier1比率は11.8％（2011年3月）で，7.2％（2008年年末）から上昇している。

図表3-5はエルステ銀行の主要指標を示している。純金利所得は2009年に

図表3-5　エルステ銀行の国別主要指標

（単位：100万ユーロ）

	純金利所得				貸倒引当金			
	2,007	2,008	2,009	2,010	2,007	2,008	2,009	2,010
オーストリア	1,445	1,591	1,595	1,586	197	368	483	452
チェコ	820	1,093	1,081	1,087	70	117	288	366
ルーマニア	511	742	837	799	-35	121	532	507
スロバキア	291	335	386	427	37	81	157	123
ハンガリー	246	294	354	387	60	69	171	244
クロアチア	158	194	223	248	18	25	75	106
セルビア	16	34	28	28	0	7	7	8
ウクライナ	8	33	27	33	10	21	77	39
中東欧（計）	2,050	2,725	2,936	3,009	160	441	1,307	1,393

	純利益				リスクウエイト資産残高			
	2,007	2,008	2,009	2,010	2,007	2,008	2,009	2,010
オーストリア	139	55	113	271	35,911	38,925	38,175	38,337
チェコ	372	350	353	385	10,513	11,485	11,357	12,422
ルーマニア	168	240	112	18	8,458	9,376	9,646	9,059
スロバキア	104	83	28	137	3,825	4,264	5,504	5,231
ハンガリー	77	110	58	-22	4,129	4,675	4,762	4,703
クロアチア	51	67	82	65	3,079	3,620	3,578	3,903
セルビア	-3	5	2	2	467	816	741	634
ウクライナ	-19	-29	-84	-38	225	558	576	664
中東欧（計）	750	826	551	547	30,696	34,794	36,164	36,616

（出所）*Erste Bank Annual Report* 各年版から作成。
（注）リスクウエイト資産残高とは，総資産残高にリスクウエイトを乗じたもの。

やや伸び悩んでいるが，貸倒引当金の増加のなかで，むしろ安定的とも言える。しかし貸倒引当金計上は中東欧地域で大幅に増加している。2009年は中東欧地域で13億ユーロ，国内で4.8億ユーロであるが，2010年に中東欧向け貸倒引当金は増加している。特にルーマニア，チェコ，ハンガリーで増加している。エクスポージャー（リスクにさらされている貸出）の国別内訳として，不良債権（Non Performing Loan+Substandard）を見ると，ルーマニアでは2007年末に15.1億ユーロ（不良債権対エクスポージャー比率9.8％）であったが，2008年末には22.50億ユーロ（同13.5％）に増加し，さらに2010年末には47億ユーロ（同26％）に増加している。[31] 銀行全体で，エクスポージャーに対する不良債権比率（Nonperforming Loan）の比率は2007年末2.2％，2008年末2.9％，2009年6月末3.6％，2011年3月末4.7％と上昇している。

　こうした結果，中東欧での純利益は2009年には5.5億ユーロで，2008年に比較し，3億ユーロほど減少している。特に2010年には，ルーマニアで減少し，ウクライナとハンガリーでは赤字となった。リスク資産残高はルーマニア，ハンガリー，スロバキアを中心に2010年には減少している。同行の場合，純金利利鞘（net interest margin）は，国内が1.85％（2004年）から1.77％（2008年）に低下したが，2010年には2.03％へ上昇した。一方，中東欧地域では3.72％（2005年）から4.56％（2008年）に上昇し，2010年にも4.56％となっている。[32] こうした中東欧における高い利鞘が，同行の中東欧向け貸出増加につながったと見られる。

（3） ドイツ系銀行の動向

　ドイツ系銀行として，バイエルン州銀行（Bayern Landes Bank）の動向を見ておく。同行の税前利益は2009年に27.7億ユーロの赤字となり，2008年の51億ユーロの赤字から改善してきた。しかし貸倒引当金は同上期間で，16.6億ユーロから32.8億ユーロへ増加していた。2008年から2009年にかけて，赤字が縮小したことは，保有有価証券などの評価損（gains or losses on fair value measurement, gains or losses on investments）が約40億ユーロから約5億ユーロに

第3章　金融危機の中東欧への波及と現状

縮小したことが大きい。同行は資産担保証券（ABS）ヘッジのため，CDS（クレジット・デフォルト・スワップ）を州政府と取引していたが，その損失が縮小したことも寄与している。さらに2010年には税前利益は8.9億ユーロの黒字に転換し，貸倒引当金は7億ユーロに減少，有価証券関係の評価損益もプラスに転じた。この限りでは，バイエルン州銀行は金融危機による損失から回復していると言える。

　同行の2009年における赤字（税前利益－27.7億ユーロ）は，東欧関係が主因（東欧関係で税前利益は－34.6億ユーロ）であり，特に現在はHypo Groupとなった Alpe Adrea（以前はバイエルン州銀行の東欧・南東欧の子会社）が要因である。2009年には東欧関係で24.5億ユーロの引当金が発生し，貸倒引当金全体の75％を占めた。[33]

　同行によると，2008年末現在，「中東欧（Central and Eastern Europe / CIS）」で不良債権（NPL）が9.87億ユーロ，破綻債権（in Default）が11.4億ユーロ，このほかに「西中欧（Western / Central Europe）」で，同じく21.2億ユーロ，14.6億ユーロとされていた。しかし，2010年末には，同順で，中東欧が5.4億ユーロ，1,500万ユーロ，西中欧が43.5億ユーロ，3億ユーロとなった。[34] 中東欧で不良債権が減少したものの，西中欧で倍増した。

　同行のグループ総資産は4,217億ユーロ（2008年末）だが，2007年末時点で263億ユーロの証券化商品を保有していた。うち非プライムRMBS（住宅モーゲージ証券）が78億ユーロあった。非プライムRMBSを中心に，2007年末には約20億ユーロ，2008年末には約24億ユーロの損失を計上した。[35] 簡略化すれば，サブプライム関係の証券化商品で損失を出し，中東欧向け貸出で起死回生しようとしたが，そこでも赤字を計上したことになる。しかし2010年末には証券化商品保有額は160億ユーロに減少し，評価損も縮小した。

（4）　中東欧における銀行

　借入国の銀行を，ハンガリーを中心に見ていこう。ハンガリーは2008年11月にIMF支援155億ドルを受けた。ルーマニアの2009年3月における175億ドル，

ウクライナの2008年11月における165億ドルに次ぐ規模であった。なお金融危機以降2009年までのIMF支援は11カ国で，うち欧州が8カ国と多い。[36)] 中東欧の金融危機は，世界金融危機（パリバ・ショックからリーマン・ショック）を直接の契機としている。

　ハンガリーでは危機前夜2006年から2007年にかけて，対法人と対家計で貸出が高い伸びを示した。法人向けでは2006年第二四半期に残高ベースで約4,000億HUF（ハンガリー・フォリント，2010年現在，1ユーロ＝270〜285HUF）増，2007年第四四半期にも約5,000億HUF増となった。また家計向けも2006年〜2007年には四半期・残高ベースで3,000〜4,000億HUF増加した。金融危機前は外貨建てが70〜80％（スイスフラン中心，一部円など低金利通貨が中心）であり，危機前はHUFの対ユーロ為替レートも上昇し，外貨建て借入が普及した。しかし危機以降は一変した。法人向けでは2008年第四・四半期以降，2010年第四・四半期まで貸出残高は減少している。同様に，家計向けでも，2009年第一四半期から，2010年第四四半期まで残高が減少している。[37)] さらに家計向け貸出のうち，90日間以上利払いが停止した不良債権の比率は，2010年を通じて上昇し，2010年第四四半期には11％程度まで上昇した。

　ハンガリーでは，金利が国内通貨HUFと外貨（危機前はスイスフラン，危機後はユーロが中心）建てが法人，家計とも二極化している。危機前，外貨建ての金利は低く，それが要因となって外貨建て借入が増加した。危機以降，法人向けHUF建て貸出金利は8％台から12％台へ上昇し，他方でユーロ建てはECB利下げもあり，6％台から4％台へ低下した。逆に，家計向け住宅ローンHUF建て金利は危機前の12％台から16％台（2009年）へ上昇した。

　2010年末現在，法人向けユーロ建て貸出金利は4％程度まで低下したが，HUF建て金利は低下したものの，8％程度である。ユーロ建てとHUF建ての金利格差は依然として，二極分化している。[38)]

　ハンガリーなど多くの中東欧諸国は対ユーロで変動相場制であった。バルト3国，ブルガリアは対ユーロ固定相場制（厳密にはラトビアは対ユーロ・ペッグ制，エストニア，リトアニア，ブルガリアは対ユーロ・カレンシーボード制で，通貨発

行が外貨準備に制約される固定相場制）で，外貨建て借入比率が80％前後，ハンガリーでも70％前後であった。[39]

　ハンガリーでは対ユーロで，変動相場制であるため，金融危機により，急速に自国通貨（HUF）安となり，ユーロ建てなど外貨建て借入の実質返済額が急速に増加した。この実質負担増に家計や企業が耐えられなかったことが，金融危機の背景であった。ハンガリーの金融危機は回復局面に入っているものの，不動産貸出（Mortgage Loan）での不良債権残高（90日間以上，利払い停止）は，2009年12月の3,175億HUFから，2010年12月に5,416億HUFに増加している。[40]

　ハンガリーにおける銀行の預金・貸出比率は2006年3月に130％であったが，2008年9月に165％へ上昇した。2010年12月現在，低下したものの，預金・貸出比率は130％程度で高い。金融危機前には，民間部門の資金需要が増加し，銀行は海外から資金調達したが，親銀行からの調達が多く，また満期は短期中心であった。調達において部分的には為替（FX）スワップに依存し，危機前は満期1年未満であった。為替スワップにより，直物だけで調達する場合の為替リスクを回避することができた。先物で外貨を売却するまで，外貨で調達が可能となり，貸出等で運用できた。しかし為替スワップでの調達は，運用面での外貨建て貸出よりも短期であり，FXスワップの借換（更新）が進まないと流動性危機となる。この流動性リスクは2008年以降，顕在化し，金融危機の一因となった。

　2010年末現在，ハンガリーにおける銀行の対外純負債額は増加し，約1兆5,000億ハンガリー・フォリントに達している。しかも，対外負債のうち，満期1年未満の比率が60％に近づいている。2011年11月，ハンガリーはEUとIMFに金融支援を要請した。オーストリア，ドイツ等の銀行が資金を引き揚げている可能性もある（図表3－4参照）。

5 欧州系銀行の損失と自己資本比率

(1) 銀行貸出の償却・証券評価損益

　ユーロ圏での巨大銀行グループの貸倒引当金比率（対純利子所得）は2009年以降，四半期ごとに上昇しており，巨大銀行の資産にリスクが上昇していた。[41] ECBは従来から，月報にユーロ圏の金融機関の貸出償却（write off）・評価額切下げ（write down），有価証券再評価（revaluation）を公表してきた。まず，ECB月報の貸出・証券の評価損益関連の指標を見ておく。

　有価証券の評価損益については，2008年に債券で－604億ユーロ，株式で－636億ユーロに達したが，2009年には債券でプラスの38億ユーロ，株式が－30億ユーロで，若干のプラスに転じた。金融危機と中東欧問題による影響が小康状態に入ったと見られる。しかし2010年には，債券が－54億ユーロ，株式でも－171億ユーロで評価損が増加した。2010年の債券評価損は，主として政府債（ユーロ建てで103億ユーロの評価損）から発生している。南欧の財政赤字と国債価格低下で，国債の評価損が拡大し，同時に株価低下も発生している。

　他方，非金融法人向け貸出（ユーロ圏内外合計）は，2007年以降，マイナスが拡大し，2010年でも貸出償却（貸出が不良債権化し，バランス・シートから切り離し，処理すること）や評価額切下げ（貸出の評価額を切下げ，損失計上。以下の数値は両者の合計額）が継続している。ユーロ圏内向けでは，2007年に－125億ユーロであったが，2009年には－423億ユーロに拡大した。2010年以降の四半期ベースでも，マイナスが継続している。2011年第一～第二四半期で，それぞれ60億ユーロ以上のマイナスが続いている。非居住者（法人，家計）向けでも，2010年に37億ユーロのマイナスであり，2011年に入っても，マイナスが継続している。中東欧向け貸出に続いて，南欧向け貸出等の不良債権化が続いている可能性があると見られる。

　家計向け貸出も，2008年に－140億ユーロであり，2009年には－189億ユーロと損失が拡大した。さらに2010年においても，－207億ユーロであり，「消費者

第3章　金融危機の中東欧への波及と現状

ローン」,「住宅ローン」,「その他ローン」とそれぞれ損失が拡大した。

ECB月報から判断すると, 金融危機と中東欧問題の影響は2008～2009年で峠を越えたが, 2010年からは南欧問題の影響が発生していると読める。

（2） 不良債権の自己資本への影響

ドイツ連邦銀行が実施した2010年2月発表のアンケートでは, 大銀行を中心として, 2010年に自己資本比率（Tier1比率）は低下する, との回答が多かった。小銀行ではわずかながら上昇する, との回答が多い。Tier1比率が低下する要因としては,「貸出の評価額切下げ」,「借り手の信頼度低下」,「証券化商品の格付け低下」が指摘されている。これに対し, Tier1比率の引上げ要因として, 最大の要因は「バランス・シートの縮小」であり, これに「新規株式発行」が回答されている。[42]

つまり不良債権としての貸出が増加すれば, 評価額の切下げに伴う損失発生で, 自己資本比率が低下する可能性が高まり, 逆に自己資本比率維持（上昇）のために, 貸出が抑制されるシナリオが想定される。

ECBによるユーロ圏巨大銀行グループの自己資本構成を見てみる。ECBによると, 2009年6月時点で, 巨大銀行では8行のみが資本構成の詳細な情報を開示している。2008年12月から2009年6月にかけて, 自己資本は240億ユーロ増加している（3,090億ユーロから3,330億ユーロに増加）。これは普通株330億ユーロの増加（増資）に起因する。同時にコアTier1を120億ユーロ増加させた。2009年6月時点で, コアTier1比率7.3％, BIS自己資本比率（Tier1＋補完的項目）12.8％であった。バーゼルIIによる, コア自己資本については4％, Tier1比率については8％がメドとされており, 2009年現在ではクリアしていた。[43]

2010年現在, ECBの集計によると, 巨大銀行の自己資本比率（Tier1比率）は加重平均で12％程度から14％程度へ上昇していた。[44] 2011年第一四半期現在, 欧州系銀行のBIS自己資本比率は平均で11％程度, 同じくコアTier1比率でも10％程度あり, 低下しているが, BIS規制はクリアしている。

6 まとめに代えて

　本章は，金融危機以降における銀行貸出と不良債権問題について，中東欧を中心に検討した。2011年現在，中東欧は回復しつつあるが，依然として厳しい面も残っており，南欧問題の影響も懸念される。

　2002年以降での，ユーロ圏における銀行貸出の動向を見ると，2004 ～ 2005年に非居住者向け貸出が急増した。金融危機以降，非居住者向け貸出は減少したが，この部分が2010年現在不良債権化した。またユーロ圏内での非金融法人（企業）向け貸出も低迷した。

　ユーロ圏の銀行（オーストリア，ドイツ系など）は中東欧に支店形態や現地法人で銀行を開設し，親銀行から貸し出した。中東欧における貸出の多くは，外貨建てであり，ユーロ建て，スイスフラン建て等が中心であった。同時に中東欧諸国の為替制度は変動相場制が多く，金融危機以降，現地通貨は対ユーロや対ドルで急低下した。このため現地通貨建てで見た実質負担は，家計でも法人でも急増し，これが不良債権発生の契機となった。

　2011年現在，欧州系銀行の自己資本比率（バーゼルⅡ）では基準をクリアしている。しかしIMFの推計やEBA（欧州銀行監督機構）のストレステスト等では，今後の不良債権処理や国債価格低下の動向によっては，利益だけでは対処できず，自己資本の取り崩しも予想されている。

（注）
1) 松澤祐介，「中東欧危機の構造と政策対応」，金融学会報告，2009年11月
2) 居城　弘，「金融危機下のドイツ金融システム」，証券経済学会報告，2010年2月
3) 代田　純，「EUにおける金融危機と公的金融の復活」，『証券経済研究』，66号，2009年6月，同「世界金融危機の構図～欧州系銀行の関与を中心に～」，『経済学論纂』，中央大学，2010年3月
4) 本書で「欧州」とは，イギリスやスイスなど，ユーロやEUに非加盟である諸国を含む欧州諸国全体（ロシアよりも西側に位置する諸国全体）を指す。銀行セク

第3章　金融危機の中東欧への波及と現状

ターでイギリスやスイスの比重が高いため,「欧州」概念が不可欠となる。他方,「ユーロ圏」とは, 統一通貨ユーロに参加している諸国を指す。

5) 『みずほリサーチ』(2009年5月),『調査情報』, 三菱ＵＦＪ信託銀行 (2009年10月)。なお英エコノミストは, 2010年の経済成長率についてラトビアを除き, プラスに転じると予想していた。*The Economist*, March 20, 2010, p45
6) ドイツ連銀は経済指標からは信用収縮ではない, とした。とはいえ, 銀行の信用供与が企業の需要に不足するかもしれない, とした。Bundes Bank, *Monthly Report*, Sep 2009, p15
7) ECB, *Survey on the Access to finance of small and medium-sized enterprises in the euro area*, February 16, 2010
8) 居城弘, 注2) に同じ。
9) 代田　純, 注3) に同じ。
10) *The Economist*, November 28, 2009, p81
11) *International Herald Tribune*, January 23, 2010
12) Deutche Bundes Bank, *Monthly Report*, 各号参照。
13) Deutche Bundes Bank, *Monthly Report*, September 2009, p60
14) 不良債権 (Problem Loans) の定義については, 以下のとおり。
「損傷した貸出 (impaired loans)」貸出が損失で損傷した客観的証拠があるもの。90日間以上元利返済が滞っているもの。
「損傷していない不良貸出 (nonimpaired problem loans)」損失は発生していない, また90日間以上利払いが停止していないが, 借り手の現在の返済条件での返済能力に疑義を生じさせる問題がある貸出。
Deutche Bank, *Management Report*, 2009, p67
15) *The Economist*, December 12, 2009, p71
16) *The Economist*, November 28, 2009, p81
17) Deutche Bundes bank, *Monthly Report*, January 2009, p31
18) Deutche Bundes bank, *Monthly Report*, January 2010, p15, December 2010, p29
19) Deustche Bundes bank, *Monthly Report*, January 2009, p42
20) Oesterreichische National Bank, *Financial Stability Report*, December 2009, p15
21) *The Banker*, November 2008, p68
22) *The Banker*, July 2007, p183
23) Oesterreichische National Bank, *Financial Stability Report*, December 2009, p21

24) Oesterreichische National Bank, *Financial Stability Report*, December 2009, p46
25) Deutsche Bundesbank, Financial Stability Review, November 2009, p48
26) Oesterreichische National Bank, *Financial Stability Report*, December 2009, p19
27) Oesterreichische National Bank, *Financial Stability Report*, December 2009, p72, June 2011, p38
28) Oesterreichische National Bank, *Financial Stability Report*, December 2009, p114, June 2011, p114
29) 『みずほリサーチ』(2009年5月)．みずほ総合研究所
30) *Erste Group Annual Report 2008*, p88　*Erste Group Annual Report 2010*, p103
31) *Erste Group Annual Report 2008*, p128　*Erste Group Annual Report 2010*, p141　Substandardの定義は，「借り手が否定的な金融・経済的な状況により影響されやすいもの。特殊なリスク管理部門で担当される。」また，Non-performing loanの定義としては，「バーゼルⅡでの破綻基準がひとつ以上あてはまるもの。元利払いが90日以上停止している等。」*Erste Group Annual Report 2008*, p121
32) *Erste Group Annual Report 2008*, p32　*Erste Group Annual Report 2010*, p40
33) Bayern Landes Bank, *Group Financial Report*, 30 September 2009, p11による と，大幅な引当金計上を予想していた。Alpa Adreaは2009年現在，オーストリアの銀行として第4位にランクされている。*The Banker*, July 2009, p216　バイエルン州銀行がAlpa Adreaを2008年にオーストリア政府に売却し（公的資金注入），その後Hypo Groupとなった。
34) Bayern Landes Bank, *Disclosure Report*, 31 December 2008, p33, 31 December 2010, 29
35) Bayern Landes Bank, *Financial Stability Forum Report*, 30 September 2009, p7
36) 「中東欧の通貨・金融危機」,『ニッセイ基礎研REPORT』, 2009年5月参照。
37) Magyar Nemzeti Bank, *Report on Financial Stability*, November 2009, p30, April 2011, p33
38) Magyar Nemzeti Bank, *Report on Financial Stability*, November 2009, p28, April 2011, p35
39) 『国際経済金融論考』,（財）国際通貨研究所，2008年第7号,『みずほリサーチ』2009年5月号参照。為替スワップについては，田中素香，「ドル不足とヨーロッパの金融危機」,『経済学論纂』，中央大学，第50巻第3・4号合併号，pp187～210参照。
40) Magyar Nemzeti Bank, *Report on Financial Stability*, April 2011, p52

第3章　金融危機の中東欧への波及と現状

41) ECB, *Financial Stability Review*, December 2009, p80
42) Deutsche Bundes Bank, *Monthly Report*, February 2010, p36
43) Basel Committee on Banking Supervision, Consultative Document, *Strengthening the resilience of the banking sector*, December 2009, p 4
44) ECB, *Financial Stability Review*, June 2011, p40

第4章

ギリシャの財政危機と欧州系銀行の国債保有

1 はじめに

　本章はギリシャの財政危機と欧州系銀行によるギリシャ国債の保有構造について検討する。すでに第1章でも述べたように，ユーロ参加以降，ギリシャの財政はインフレによって歳出が増加する一方，シャドーエコノミー等の影響により歳入が伸びなかった。さらにインフレによる実質長期金利の低下によって，国債利払い費が大幅に軽減され，国債に依存した財政構造となっていた。

　しかし2007年以降の金融危機によって，長期金利が反転し，デフレに転換していった。ギリシャ国債の起債条件を見ると，発行価格の低下やクーポンの上昇から，すでに2007年から財政にとって負担が増加していた。2007年以降の金融危機によってギリシャ国債の利回りは上昇しており，2009年の政権交代と財政赤字上方修正が背景のすべてではない。

　ギリシャの財政危機の発端は，2009年10月に，中道右派の新民主主義党（カラマンリス党首）から，中道左派の全ギリシャ社会主義党（パパンドレウ党首）へと選挙により政権が交代し，財政赤字の対GDP比率が上方修正されたことであった。前政権によると，2008年の財政赤字対GDP比率は3％台（2009年1月発表）であったが，新政権によって同年の財政赤字同比率は7.7％まで上方修正（2009年10月発表）された。さらに2009年の財政赤字同比率は12.7％へ引き上げられ，ユーロ圏の財政協定による3％の4倍以上に達した。[1]　また同時に，米ゴールドマン・サックスと通貨スワップにより，財政赤字を実態よりも良く見

せていた疑惑も生じた。2001年，ゴールドマンは将来のギリシャ税収を担保に数10億ドルを貸し付け，手数料も得たが，他方ギリシャ政府はこれを借入として計上せずに，通貨スワップとして計上した，という。[2]

しかもギリシャの2009年財政赤字同比率は2010年4月に入り，13.6％へさらに引き上げられた（2011年8月現在，同値は15.4％へ修正）。ユーロ圏17カ国の同比率は，2003年に－3.1％まで悪化するものの，2007年には－0.7％まで改善していた。しかし，2009年には－6.3％まで再び悪化した。これは，2007年からの金融危機によって，金融システムへの公的資本注入などが実施され，財政支出が増加したことも一因であろう。日本銀行も指摘するように，金融セクターのリスクが，公的部門に移転し，公的部門のリスクとなった。[3]

他方，ギリシャではもともと財政赤字が大きかった。ギリシャは2002年からユーロを導入したが，2004年には－7.5％まで赤字比率が拡大した。2006年に－5.7％まで赤字比率は縮小したが，2007年以降は急速に赤字が拡大していった。ギリシャでは，銀行への公的資本注入などがさほど大きいわけではないので，金融危機による景気低迷と税収減，金融危機による国債金利上昇，社会保障関係の支出増加などが要因と見られる。

こうした財政危機を契機として，ギリシャだけではなく，独仏などユーロ圏における銀行の国債保有が注目されることとなった。以下，本章ではギリシャにおける財政収支の状態，財政再建の展望，ギリシャを含むユーロ圏における銀行と国債保有等について検討する。

2 ユーロ圏とギリシャの財政危機

（1） 最適通貨圏とギリシャ

もともと最適通貨圏の観点から見た場合，現在のユーロ圏には，かなりの疑問符が付いている。最適通貨圏の第一条件は，構造的に同質ということで，具体的には景気やインフレ格差が発生しにくいことである。しかし，2010年5月

第4章　ギリシャの財政危機と欧州系銀行の国債保有

現在，失業率はオーストリアで4％，スペインで19.9％，アイルランドで13.3％，ポルトガルで10.9％と大きく広がっている。これは景気や雇用の面で同質とは言い難い状況である。

最適通貨圏の第二条件は，構造が異なっていても，景気やインフレ格差を調整する機構が備わっていることで，具体的には次の三点となる。①生産要素（資本・労働）の移動性が強いことである。資本の移動性については，EU統合やユーロ導入により，直接投資が増加し，域内（ドイツ・オランダ等）多国籍企業の対外投資が進んだので，問題はない。しかし，労働の移動性については，上記のように，各国の失業率には大きな格差があり，大きく問題がある。やはり言語や生活習慣等の面で，ユーロ圏内で労働力移動が促進されているとは言い難い。

②物価・賃金の伸縮性が高いことである。しかし，ギリシャでは名目インフレ率を労働コスト上昇率が超えており，労働コストによるコスト・プッシュ・インフレの側面が否定できない。ギリシャでは，2004年に労働コスト指数上昇率は8.9％であり，名目インフレ率3％を大幅に超過していた。アテネ五輪の影響と見られる。また，2008年にも，労働コスト指数上昇率は13.6％であり，名目インフレ率4.2％を10ポイント程度上回っていた。[4]

③財政による公的な所得移転が整っていることである。これは財政による所得移転（日本での地方交付税交付金や補助金が，中央政府から地方政府への所得移転として，地域間での所得平準化に寄与していることを想起されたい。）によって，単一通貨圏での経済格差が是正されることを意味している。しかし，第2章でも明らかにしたように，まずEU共通財政は加盟国GDPの1％程度の規模であり，量的に制約されている。さらに，第2章でも触れたように，2004年に中東欧10カ国が加盟して以降，EU共通財政による南欧諸国（スペイン，ギリシャ，ポルトガル等）への所得再分配機能は低下している。[5]

以上のように，最適通貨圏の条件から見た場合，現状のユーロ圏は多くの問題を抱えている。さらに今回のユーロ危機の背景として，軽視できないことは，ユーロ導入時におけるECBの政策金利，ならびにその決め方である。

1999年から金融市場でユーロ流通開始，2002年から一般レベルでもユーロ流通開始であった。このユーロ導入時に，テーラー・ルール（GDP成長率やインフレ率から算出される，適正金利水準）からかなり乖離した低水準で，ECBの政策金利がスタートした。ドイツ連銀の政策金利を引き継いだため，2002年には3.25％（レポ金利）でECBの政策金利が始まった。さらに2003年6月からは2％まで低下した。しかし，ギリシャにおける2000年のインフレ率（都市部）は10.6％，同じく2001年にも14.4％と高く，また銀行貸出金利も1998年には15.27％，1999年にも13.6％であった。[6] こうした高インフレ率，高金利国にECBの政策金利が低金利で適用された。

　ECB政策金利の急低下に後押しされ，銀行貸出は増加し，南欧における住宅価格は2007～2008年まで上昇した。またギリシャにおいても，銀行貸出のうち，建設業向け貸出は2006年から2008年にかけて，前年比増加率30～40％増という伸びであった。[7] しかし2008年後半から金融危機の影響で，住宅価格は下落する。これによりギリシャなど南欧における銀行の不良債権は急速に増加した。後述するように，ギリシャの国内銀行も不良債権比率が高く，国債保有先としては脆弱で，結果として海外の銀行や投資家に依存せざるをえなかった面もあろう。国内銀行の不良債権増加は，ギリシャなどの景気を悪化させた。こうして，現在のギリシャ財政危機とユーロ不安の背景として，ユーロ導入時のECB政策金利，銀行貸出増加，住宅価格の上昇と下落が深く関連している。

（2）ギリシャ財政危機と国債償還問題

　すでに述べたように，ギリシャの財政赤字対GDP比率は2009年に13.6％（2011年現在，15.4％へ修正）まで悪化したが，単純に財政赤字が拡大したのではなく，2010年に償還（満期）を迎える国債が多く，その国債の現金償還，もしくは借換が可能なのか，市場から懸念された。

　2007～2008年に発行された国債の満期構成を見てみる。2007年において，発行された国債のうち，3年債は15億ユーロ，5年債は78億ユーロで，合計93

第4章　ギリシャの財政危機と欧州系銀行の国債保有

億ユーロであり，発行国債合計375億ユーロの約25％に達していた。また短期の財務省証券が15.7億ユーロあり，財務省証券だけで全体の4.2％であった。10年以上の長期債は266億ユーロと過半を占めたが，短期・中期債の比率も高かった。2007年に発行された3年債は，2010年に償還期を迎え，償還が懸念された国債の一部となった。

　2007年には10年債が4回起債されたが，いずれもクーポン（表面利率）は4.3％であった。1月と4月の入札では，落札平均価格は99円台であった。しかし7月の3回目の入札では，平均落札価格は95.822（最低落札価格は95.76，平均落札価格と最低落札価格の差である「テール」は0.062，テールが小さいほど一般に入札は好調とされる。）であり，利回りベースではかなり上昇した。[8)]したがって，2007年から，金融危機の発生により，すでに長期債の起債環境は悪化していた。

　2008年に発行された国債総額は，434億ユーロと前年の2008年よりも約60億ユーロ増加したが，満期構成としては，短期・中期の比率が上昇した。まず3年債が99億ユーロで前年よりも大幅に増加し，全体の23％となった。また5年債も58億ユーロとなり，3年債との合計は157億ユーロで全体の36％に上昇した。また財務省証券発行も18.7億ユーロで全体の4.3％に達した。財務省証券，3年債，5年債を合計した短期・中期債の比率は，2007年には29.2％であったが，2008年には40.3％に上昇した。2008年には金融危機の影響から，長期金利が上昇し，長期債の起債が困難になったと見られる。

　2008年には10年債は3回起債されたが，クーポン（表面利率）はいずれも4.6％で，2007年よりも上昇していた。さらに第1回の入札による落札平均価格は99.278であったが，3回目の10月には落札平均価格は98.005，最低落札価格は97.926（テールは0.079）まで低下した。また2008年には5年債は3回起債されたが，表面利率はいずれも4％台であった。しかし入札結果はギリシャ財政にとって好ましいものではなく，最低落札価格は第1回（3月）には99.679であったが，第2回目（6月）には94.904まで低下した。また第3回目（9月）にも96.501であった。2008年に5年債発行は増加したが，その起債条件は財政に

77

とって厳しくなっていた。[9] ただ，2008年までは10年債を含め，入札発行が可能であった。

　2009年に入ると，財務省証券では入札発行方式が継続したが，債券（3年以上）では入札発行が中止され，すべてシンジケート方式（入札方式による市場発行が行き詰まり，引受銀行団による相対での発行となった）となった。3年債は2009年に2月と5月に起債されたが，いずれもシンジケート方式で，クーポンは4.3％に上昇した（発行価格は額面に近い）。5年債は同じく1月と4月に起債されたが，クーポンは5.5％に上昇し，10年債も3月と6月に起債されたが，クーポンは6％に上昇した。このように見てくると，2009年10月に政権交代があり，財政赤字の対GDP比率が上方修正される以前から，ギリシャでは中長期債を中心に，国債の起債状況が悪化していたことがわかる。

　2010年に国債発行は4月にあり，7年債が50億ユーロ，クーポン5.9％，発行価格99.428で発行された。シンジケートの幹事（Lead Manager）は，アルファ銀行（Alpha Bank），エンポリキ銀行（Emporiki），ING，バンク・オブ・アメリカ・メリルリンチ（BofA-ML），ソシエテ・ジェネラル（SG CIB）であった。格付けはＡ2（ムーディーズ），ＢＢＢ＋（S&P），ＢＢＢ＋（Fitch）であり，投資適格の最低水準であった。[10] また2010年3月には，10年債がシンジケート方式で発行され，クーポン6.25％，発行価格98.742となった。この10年債は消化されたが，クーポンは2007年に4.3％であったから，2％以上も上昇した。この起債を最後に2011年8月現在まで，10年債，20年債，30年債の発行はない。さらに3年債の起債も2009年5月におけるシンジケート発行を最後としている。また財務省証券（Treasury Bills）についても，52週物は2010年4月を最後としており，2011年8月現在，13週物と26週物の財務省証券が入札で発行されている。しかし，いずれも利回りは2011年7月現在，5％に近づいている。

　図表4－1は，ギリシャで新規発行国債の年限構成（加重平均）の推移を示している。2005年から2006年にかけては，10.46～10.47で，新規発行国債は10年債が中心であった。また2007年には，金融危機前に，10年以上の超長期債

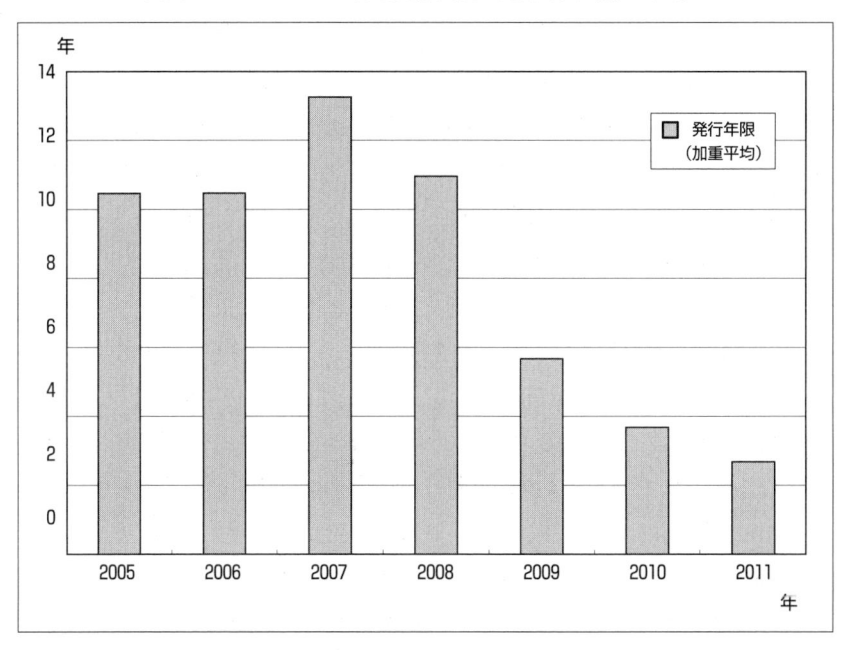

第4章　ギリシャの財政危機と欧州系銀行の国債保有

図表4-1　ギリシャ新規発行国債の発行年限（加重平均）

（出所）http://www.pdma.gr から作成。

も発行され，平均年限は13.25年へ長期化した。しかし，金融危機の影響が本格化した2008年以降，急速に新規発行国債の発行年限は短期化し，2009年には5.66年，そして2011年には2.68年となった。しかも，2011年の平均年限2.68年は，EUのEFSM（欧州金融安定メカニズム）による融資（3～5年）を含んだ平均であり，実質的には財務省証券（3カ月～6カ月）中心である。

2009年秋の政権交代と財政赤字拡大以前から，国債の起債環境が悪化していた背景は，世界金融危機で「質（安全性）への逃避」が起こり，ドイツの国債価格が上昇した一方，ギリシャ国債の価格低下と利回り上昇が発生したことであった。2008年秋からユーロ圏では金融危機による景気減速予測が台頭し，さらにドイツなど高格付け国債が買われた。ドイツの10年物国債流通利回りは2008年年央には4.5％程度あったが，年末には3％程度まで低下した。他方，

ギリシャの10年物国債流通利回りは2008年年央には5.5％程度あり，秋にかけ一時的に低下したものの，年末から2009年にかけて6％程度まで上昇した。同時に，単に利回りが上昇しただけではなく，ギリシャ国債の売買代金も2008年には急減し，2007年前半における月間売買代金30億ユーロから，2008年後半には5億ユーロ以下へ減少した。流動性の面からも，ギリシャ国債は敬遠されたと見られる。ギリシャ国債の流通利回り上昇は，発行コスト上昇をもたらし，2007年の平均発行コスト4.42％は，2008年には4.63％へ上昇した。[11]

　以上の結果，ギリシャ国債の残高は2010年末現在，3,403億ユーロである。また2010年1～9月に発行された国債総額のうち，45％がEU＆IMF借入とされる。新規の国債発行が財務省証券中心となっており，短期化しているため，国債残高の残存期間（加重平均）は2008年に8.5年であったが，2011年末には6.9年となる見通しである。また新規発行国債の平均コストは，2009年の4.1％から，2010年には4.3％へ上昇した。同時期に，発行国債の平均年限構成は5.6年から3.8年に短期化しており，平均コスト上昇の意味は大きい。さらに2011年における国債償還予定額は250億ユーロ超であるが，2012年以降も漸増し，2014年がピークで600億ユーロに近づく見込みである。2011～2014年における，累計の国債償還額は1,600億ユーロに近く，2011年7月下旬に決定されたIMF／EU第二次追加融資1,090億ユーロでも，今後の国債償還に対応可能か，不透明である。

3　ギリシャの財政収支構造

（1）　税収の構造

　国債発行は財政収支逼迫の結果である。そこでギリシャの財政収支について見ておきたい。図表4－2は，IMFが作成したギリシャ一般政府財政の見通しである。2009年の場合，歳入が877億ユーロあり，歳出（利払い除く）が1,118億ユーロある。このためプライマリー・バランス（基礎的収支）が241億ユーロの

第4章 ギリシャの財政危機と欧州系銀行の国債保有

赤字であり，これに利払いが加わり，総合収支は365億ユーロの赤字となっていた。結果として，すでに述べたように，財政赤字の対GDP比率は－15.5％となっている。

図表4－2から税収構成を見ると，2009年の場合，間接税は261億ユーロ

図表4－2　ギリシャ一般政府財政の収支見込

(10億ユーロ，%)

	2009	2010	2011計画	2012計画	2013計画	2014計画	2015計画
間接税	26.1	28.6	29.4	31.6	32.6	34.7	35.7
直接税	19	17.4	16.7	17.9	18.5	19.9	21.2
社会保険料	29.5	29.7	29.4	29.7	29.9	31	31.4
歳入（小計）	87.7	89.9	91.9	96.3	98.4	102.1	104.7
賃金	30.6	27.2	24.7	23.4	21.6	20.3	20.4
社会保障給付	48.8	47.4	45.1	44.7	44.6	43.5	43.7
財・サービス	17.2	13.3	11.8	12.1	11.2	9.9	8.3
歳出（小計）	111.8	101.3	93.8	93	90.1	86.5	85.3
プライマリー収支①	－24.1	－11.4	－1.9	3.3	8.4	15.6	19.4
利払い②	12.3	12.6	15.2	18.2	19.7	22	23.1
総合財政収支③	－36.5	－24	－17.1	－14.9	－11.4	－6.4	－3.7
国債残高④	298.7	328.6	373.2	392.2	399.1	388.1	368.5
①対GDP比率	－10.3	－4.9	－0.8	1.5	3.6	6.4	7.7
②対GDP比率	5.2	5.5	6.8	8	8.6	9	9.2
③対GDP比率	－15.5	－10.4	－7.6	－6.5	－4.8	－2.6	－1.5
④対GDP比率	127	143	166	172	170	160	146
国債満期償還額⑤	29.7	31.2	37.3	41.3	36.7	47.9	44.5
要調達額③+⑤+α	70.7	60.8	84.9	67.9	54.5	50.4	39.9
IMF・EU融資	0	31.5	46.5	24	8	0	0
自発的借換等	0	0	24.7	30.1	29.3	19.3	0
実質調達(不足)額	70.7	29.3	13.7	13.7	17.2	31.1	39.9
民営化	0.9	0	3	7.5	11	13.5	15
その他	3.8	0.9	4.5	0	0	0	0
国債発行	66	28.5	6.2	6.2	6.2	17.6	24.9
中長期債	57.1	19.3	0	0	0	11.4	18.7
短期債	8.9	9.2	6.2	6.2	6.2	6.2	6.2

(出所) IMF, IMF Country Report, No.11/175 p57, 62から作成。
(注) IMFスタッフによる2011年7月4日現在の試算。

で，歳入の29.8％であり，直接税190億ユーロ（歳入の21.7％）を上回る。ギリシャの直接税対GDP比率は7.7％（2008年）であり，EU平均の13％を大きく下回る。[12] ギリシャの直接税税収が少ないことには，2つの要因が影響している。

第一には，シャドーエコノミーと呼ばれる，影の経済，もしくは地下経済の規模が大きいことである。シャドーエコノミーは，麻薬取引など非合法取引も含むが，企業が社会保険料逃れのため従業員数を過少申告することも含まれる。IMF推計では，ギリシャのシャドーエコノミーの規模は対GDP比で25.1％に達し，かなりの規模（OECD加盟国ではほぼ最高）にある。またギリシャでは，年間の実際の純税収に比べ，本来納税されるべき（納税されない）金額（Tax debt）は38％に達すると言われる。このほか，間接税に関し，VATギャップと呼ばれる問題がある。これは，付加価値税の税収で，本来納税されるべき金額と，実際の納税額との差を意味する。VATギャップはEU平均で12％であるが，ギリシャでは30％とされる。こうしてギリシャでは，徴税インフラが整備されていないのである。[13]

第二に，直接税のなかでも，法人税の納税主体である企業が少なく，また小さいという問題がある。IMFによると，2009年におけるギリシャ中央政府財政の普通会計（Ordinary Budget）税収は505億ユーロで，うち直接税は214億ユーロ，間接税は283億ユーロ，その他8億ユーロとなっている。直接税の中心は所得税であるが，166億ユーロの税収で，うち個人所得税（PIT）は109億ユーロ，法人所得税（CIT）は34億ユーロとなっている。[14] 法人税が所得税に含まれているうえ，上述のように法人を中心として所得税の比重が低い。もともと製造業など産業の付加価値が小さく，企業からの税収が期待できない。ギリシャの産業別付加価値を見ると，最大の産業は流通（Distribution & Trade）であるが，それでも2006年に付加価値額は223億ユーロで，ドイツの10分の1程度である。またギリシャの全産業従業員数は約260万人であるが，従業員数10名未満の企業による雇用が58％を占めており，担税力は期待できない。[15] ギリシャの財政危機の一因は，所得税（法人税を含む）など直接税による税収が

不十分なことであろう。

（2） 歳出と利払い

歳出面では，図表4－2が示すように，利払いを除く歳出で1,118億ユーロ（2009年，以下同じ）あり，プライマリー・バランスで241億ユーロの赤字，ここに利払いが123億ユーロ加わり，総合収支では365億ユーロの赤字であった。利払い額も小さくはないが，財政における利払い額は近年減少傾向にあった。一般政府利払い額が一般政府歳入に占める比率は，1999年には18.2％あったが，傾向的に低下し，2007年には10.2％まで低下した。ギリシャのユーロ加盟に伴う，金利低下効果であろう。2009年には13.1％，2010年には15％まで上昇したと見られるが，ユーロ加盟前に比べれば，低いのである。[16] 2009年現在の国債残高のうち，固定金利分が90％程度あり，2000年に変動金利分が30％あったことに比較すれば，固定金利発行が増加している。[17] しかし，このことは2009年以降国債のクーポンが上昇しているため，将来，利払い額が増加することを暗示している。図表4－2でも，IMFは2015年に利払い額は231億ユーロと，倍増を予想している。

利払い額が2015年までに倍増と予想されるなかで，総合収支の赤字をユーロ基準の3％以内へ縮小することが求められている。図表4－2においても，財政赤字の対GDP比率は，2014年に－2.6％，2015年には－1.5％と予想（目標としての期待値）されている。このためには，プライマリー・バランスを根本的に改善する必要がある。プライマリー・バランスの改善のため，まず歳入は877億ユーロ（2009年）から1,047億ユーロ（2015年）へ増収，また歳出は1,118億ユーロ（2009年）から853億ユーロ（2015年）へ削減すると，IMFは予想（目標としての期待値）している。

（3） 公務員給与と年金の削減

2009年の中央政府支出合計は836億ユーロであったが，投資的支出96億ユーロ等を除くと，普通会計の支出は703億ユーロであった。このうち，利払いは

123億ユーロであるため，利払い以外の普通会計支出は580億ユーロであった。580億ユーロのうち，公務員給与と年金で252億ユーロ，保険・健康関係で176億ユーロであった。[18] 簡潔に言えば，利払いを除く，普通会計の支出は公務員給与，年金，社会保障で428億ユーロであり，これら3つの費目で74％を占めていた。普通会計の削減を進めようとすれば，年金・公務員給与の削減が避けて通れない課題となる。

　2010年現在，ギリシャ政府はIMFの方針で，年金改革として，①所得代替率（現役被用者の所得に対する年金の比率）を平均で75％から60％へ引下げ，②早期退職の制限（年金受給はすべての被用者が60歳でのみ開始できるようにする），③通常の退職年齢を平均寿命に合わせて引上げ，④年金額をインフレ調整，といった方向で進めている。[19]

　②早期退職の制限で，60歳でのみ開始，ということを奇異に感じる読者もあろう。しかし，実際のところ，ギリシャでは60歳以下でも従来，完全な年金受給が可能であった。「バシア・フェレーミは28歳になったばかりで，現在アテネで美容師をしているが，現在の法律では，彼女の仕事が健康を害する職業と見なされ，50歳で完全な年金を受給する権利を有して退職できる。」[20] とインターナショナル・ヘラルド・トリビューン紙は報じている。同紙によると，580の職業で，女性50歳，男性55歳の早期退職と完全な年金受給権が認められてきた。労働組合との団体交渉で，政府は70万人の被用者（被用者の14％）に早期退職を認めており，2010年現在ギリシャの平均退職年齢は61歳で，欧州では最も低い。危険な職業には，テレビやラジオの司会者も含まれ，その理由は，マイクに細菌のリスクがあるため，と言う。さらに年金の所得代替率が75％であったため，多くのギリシャ人は60歳前に退職し，現役時代の75％にあたる年金を得ている，と言う。[21]

　また歳出における公務員給与の比率が高いわけだが，その一因は国有企業が多いことにあろう。銀行部門でも，ギリシャ農業銀行（Agricultural Bank of Greece, 2010年ストレステストで不合格となったEU 7行のうちの1行）の77％を国が出資（株式保有）していたほか，郵便銀行（Post Bank）に34％，Bank of Attika

に39％を出資していた。鉄道，航空などは100％政府出資となっていた。[22] このため，図表4－2でも，民営化収入が2011年以降，かなり計画されている。

（4） 財政再建計画

こうしたなかで，財政再建計画は増税，公務員給与・年金の削減が中心となっている。2010年の財政再建計画で，まず歳入面では，付加価値税の増税（基本税率を21％から23％へ，軽減税率を10％から11％へ引き上げ）で8億ユーロの増収，燃料税の増税2億ユーロ，たばこ税増税で2億ユーロ，アルコール税で5,000万ユーロ増収となっている。合計で12.5億ユーロの増収が計画された。また歳出面では，公務員ボーナス削減で11億ユーロ，年金削減で15億ユーロを中心として，45.5億ユーロの削減が計画された。ギリシャでは，年金支給にも，イースター，夏，クリスマスにはボーナス加算があったようで，この加算部分の削減が予定された。2010年には，歳入・歳出合わせて，58億ユーロの収支改善が計画された。2009年における中央政府財政の総合収支は約319億ユーロの赤字，プライマリー収支（利払い除く）で約196億ユーロの赤字であったから，[23] プライマリー収支赤字の約30％程度にあたる。

2010年の実績（一般政府）を図表4－2から見ると，歳入は899億ユーロで，2009年に比べ22億ユーロの増収，歳出は1,013億ユーロで同じく105億ユーロの削減となった。このため，プライマリー収支では約130億ユーロの縮小となった。また，総合収支でも2010年には，240億ユーロの赤字で，125億ユーロほど縮小した。一見すると，財政改革が急速に進展しているようであるが，国債満期償還額が2010年に312億ユーロあり，総合収支赤字と合計すると，資金不足額は608億ユーロである。IMF／EUの融資があっても，293億ユーロが不足した。

図表4－3は2011年～2014年における主要な財政再建措置（収支効果が10億ユーロ以上見込まれるもの）を示している。歳入面では，税控除見直しで約83億ユーロ，歳入管理の改善で23億ユーロ，税・社会保障拠出金管理の改善で約33億ユーロが主要な増収策である。2010年時点では，企業課税の強化や環境税の

導入も計画されたが,[24)] 図表4－3では掲載されておらず，主要な財源とはならなかったと見られる。すでに指摘したように，ギリシャではシャドーエコノミーが肥大化し，納税倫理が弱く，こうした側面を改善しようとしている。歳出面では，公務員給与関係で約35億ユーロ，年金改革で約24億ユーロ，社会保障給付の見直しで約21億ユーロが主要な抑制策である。このほか，国有企業や，健康（病院）と薬品など医療関係が大きな項目となっている。

図表4－3　2011～2014年の主要な財政措置

(100万ユーロ)

歳　入		収　支　効　果
	税控除見直し	8,276
	個人所得税課税最低限引下げ	1,350
	連帯税課税	1,367
	社会保障拠出金引上げ	1,741
	歳入管理の改善	2,308
	税・社会保障拠出金管理改善	3,295
歳　出		
	公務員賃金合理化	2,124
	公務員手当調整	1,435
	公的団体の廃止	1,090
	国有企業の改善	1,040
	社会保障給付の見直し	2,092
	年金改革	2,361
	健康関係改革	1,659
	薬品関係支出	1,043
合　　計		24,220

（出所）　*IMF Country Report* No.11/175, Jul-11 p58

しかし2011年上半期の財政収支（速報ベース）を見ると，1～6月で131.5億ユーロの中央政府・総合収支赤字となっており，前年同期比で15億ユーロ程度赤字が増加した。[25)] また図表4－2にある，2011年の一般政府・総合収支は

第4章　ギリシャの財政危機と欧州系銀行の国債保有

171億ユーロの赤字であるから，上半期だけで130億ユーロを超える赤字は大きい。2010年には比較的，財政再建が進んだが，2011年には赤字が拡大した。

4 ユーロ圏の銀行を取り巻く環境

（1）　ユーロ圏の銀行と国債保有

　ユーロ圏の銀行による債券保有と対資産比率を見てみる。第一の特質として，2009年までは，債券保有額が傾向的に増加してきた。債券には，公債以外の社債や各種の債券が含まれており，ABS（資産担保証券）やMBS（不動産担保証券）など証券化商品の保有増加も反映されていると見られる。

　第二に，公債（国債，地方債等）保有額も2010年まで増加し，2011年に減少している。これは，周辺国を中心とするソブリン・リスクの高まりから，銀行が国債を売却したためと見られる。この点に関連して，ECBが月報のなかで，2009年までの銀行による公債保有増加について指摘している。ECBによると，欧州の大規模商業銀行（LCBGs）による公債保有増加率はリーマン・ショック以降上昇しており，2009年7月以降，年率10％を超えた。金融危機以降，欧州ではイールド・カーブ（金利の期間構造を示す，利回り曲線）がスティープ化（垂直に近づく，短期金利の低下，長期金利の上昇）しており，短期調達・長期運用の利鞘がとりやすい。また短期で調達し，長期で運用する，キャリー・トレードの増加ももたらしている。しかしこうした傾向は銀行に金利リスクの増加をもたらす，と指摘している。[26]

　以上のように，ユーロ圏全体としては，2009年まで銀行の債券保有と国債保有が増加し，2010年以降減少している。他方，ギリシャの国債保有構造については，確実かつ詳細なデータは存在していない。図表4－4は，2010年については，ギリシャの債務管理庁が2010年9月までホームページ上に公表していたデータであるが，2010年9月以降，消去された模様である。このデータによると，国内で29％が保有されており，イギリス・アイルランドで23％，フランス

図表4-4 ギリシャ国債の保有構造

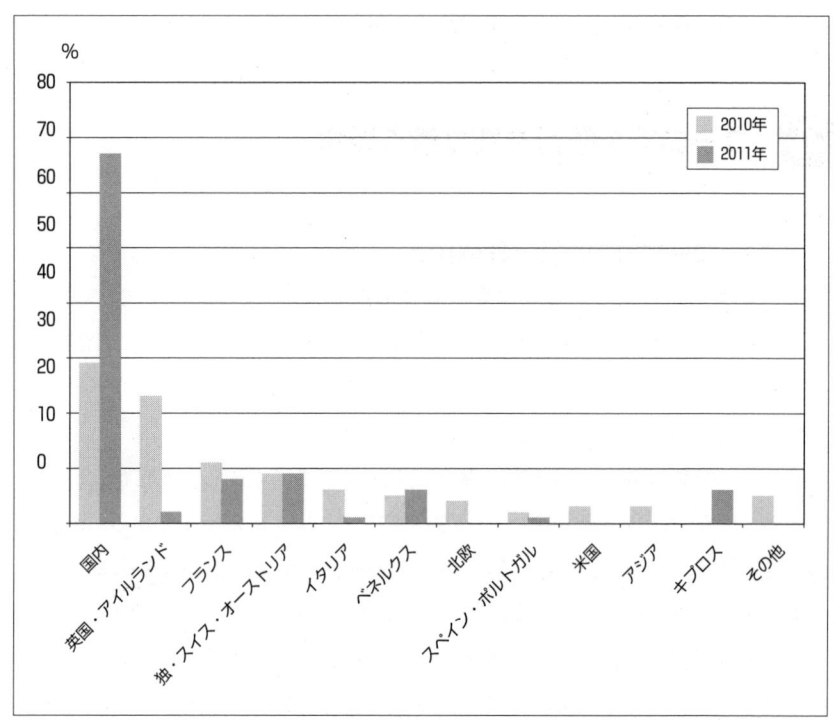

(出所) 2010年分はギリシャ債務管理庁，2011年分は欧州銀行監督庁による。

で11%，ドイツ・スイス・オーストリアで9％となっている。このデータでは，国内による保有が約3割と高めに評価されている。しかし他のデータ（2010年分）とは相違がある。例えば，ECBによると，ギリシャ国債の約90％は非居住者に保有されており，中央銀行・非金融法人が5％弱，国内金融機関が約5％と推計されている。このECBによる推計ではギリシャは，最も非居住者による国債保有比率が高い国とされている。[27] したがってECBのデータでは，国内による保有は，約1割ということになり，ギリシャ債務管理庁のデータを大きく下回る。

このほかにも，ギリシャ国債の保有構造に関して推計がなされている。例え

ば，英エコノミスト誌は，ギリシャ国債2年物の流通利回りが2010年4月以降16％程度まで上昇し，ドイツ国債2年物とのスプレッド（利回り格差）が15％程度まで拡大したことを指摘したうえで，ギリシャ国債の保有について推計している。英エコノミスト誌は海外によるギリシャ国債の保有額を1060億ユーロとしている（2009年末現在）。うちイギリスが70億ユーロ，アメリカが80億ユーロ，ユーロ圏合計で760億ユーロとなっている。ユーロ圏では，フランスが340億ユーロ，ドイツが200億ユーロ，オランダが50億ユーロ，その他ユーロ圏が170億ユーロとなっている。[28] 結局，2010年の国債保有については，データのバラツキが大きく，確定的な評価はできない。

図表4－4の2011年については，欧州銀行監督庁（EBA）がストレステスト・レポートに発表したもので，国内保有シェアが67％に急上昇し，イギリスが2％，ドイツ9％，フランス8％等となっている。このほか，キプロスが6％となっている。キプロスはユーロに参加（2008年ユーロ加盟）する小国であるが，2011年に入り，ギリシャ向け債権が懸念されている。

個別の国によるギリシャ国債保有については不確定な部分もあるが，海外の銀行が2010年後半以降，ギリシャ国債を売却し，ギリシャ国内銀行の保有シェアが上昇したことは大筋間違いないようである。

（2） ギリシャ国内銀行と不良債権の増加

まずギリシャの国内銀行の状態は概して厳しい状態にある。総資産に対するTier1比率（2010年12月期）で見ると，EFG Eurobank Ergasias（EFGグループはスイスの銀行として第3位，ギリシャのEFG子会社はギリシャの銀行第3位）が5.83％（前年同期6.5％），Agricultural Bank of Greece（第8位）が2.97％（同4.18％），Emporiki Bank（第5位）が5.81％（同8.52％）と低くかつ低下している。

第一の問題点として，2010年4月時点でも，クレディ・スイスのレポートにより，ギリシャの銀行は国債保有に伴うリスクが指摘されていた。Alpha Bankが28億ユーロ，EFG Eurobank Ergasiasが65億ユーロ，National Bank of

Greeceが179億ユーロのギリシャ国債を保有していると推計された。ギリシャ国債の値下がり率（Assumed Haircut，担保掛目の引下げであるが，値下がりと同意）を50％と仮定すると，同順で14億ユーロ，32.5億ユーロ，89.5億ユーロの損失が予想された。株主資本が同順で53.7億ユーロ，43億ユーロ，81億ユーロであったので，株主資本比での損失は26％，76％，110％になる。[29] EFG Eurobank Ergasiasも株主資本の76％という損失が予想されていたが，National Bank of Greeceも株主資本の110％という損失が予想された。

　第二の問題点として，近年，ギリシャの銀行は国内よりも海外への投融資に積極的であった。特に南東欧と呼ばれる地域で，具体的にはポーランド，ブルガリア，ルーマニア，セルビア，ウクライナからトルコに至る欧州の南東地域である。2008年時点で，この地域にギリシャの銀行は3,000もの支店を開設し，150億ユーロ以上を投資していた。こうした南東欧への進出と貸出増加により，ギリシャの銀行はファンディング・ギャップ（貸出増加のため，預金では資金不足）が拡大しており，外部からの資金調達に迫られてきた。[30]

　第三の問題点として，ギリシャの銀行は外部資金調達として，ECBのレポ取引に依存してきたが，ギリシャ国債の格付け引下げは大きな障害となるリスクであった。2010年4月には，S&Pがギリシャ国債の格付けをトリプルBプラスから，ダブルBプラスに引き下げた。これはギリシャ国債を担保として，ECBのレポ取引により資金調達していた，ギリシャの銀行には深刻な問題となった。それまでECBのオペ適格国債の格付けは，最低ラインがトリプルBだったからである。結局，ECBはレポ取引の適格基準（格付け）について，ギリシャ国債について当面，適用外と2010年5月に発表した。2011年8月現在，ムーディーズはギリシャ国債をCaとし，その他の格付け機関はCCCとしている。この問題は，2011年でも継続している。

　またギリシャの銀行の資金調達問題は継続しており，主要行で2011～2012年の2年間で120億ユーロの負債を借り換える必要がある。これは，金利スプレッドが変わらないと仮定しても，主要な4行だけでも4～5億ユーロのコスト上昇をもたらし，2009年1～9月における利益の20％にあたる。[31]

第4章　ギリシャの財政危機と欧州系銀行の国債保有

　第四に，2010年7月に公表されたストレステストで，ギリシャのAgricultural Bank of Greeceが不合格となり，またPiraeus Bankが「かろうじて合格（Just scraped through）」となった。2010年ストレステストでは，GDP成長率や金利について仮定をおき，さらにギリシャ国債が23％価格低下，ポルトガル国債14％価格低下，スペイン国債12％価格低下，イギリス国債10％価格低下といった仮定で，銀行の自己資本等への影響が試算された。[32)] このストレステストは売買勘定（trading book）の有価証券だけに値下がり率（haircut）を仮定することで（銀行勘定の満期保有分を除外），国債デフォルトを処理しており，問題が多い。[33)] それでもスペインの5行とならび，ギリシャの銀行も不合格となった。Agricultural Bank of GreeceはストレスシナリオでのTier1資本比率が4.36％，Piraeus Bankは6％であった。Piraeus Bankはストレステストの公表と同時に，11億ユーロの増資とAgricultural Bank of GreeceとHellenic Postbankの買収計画を発表した。[34)]

　2010年のストレステストは欧州銀行監督委員会（CEBS）によるものであったが，売買勘定の国債だけを対象とし，銀行勘定の満期保有分を除外したことに特徴（あるいは問題）があった。[35)] シティバンクはCEBSとは別に，満期保有分を含むストレステストの結果を試算したが，EFG EurobankがストレスシナリオでのTier1資本比率5.7％，同じくNBGが2.8％，Piraeusが2.7％，Hellenic Postbankが－0.6％，ギリシャ農業銀行（Agricultural Bank of Greece, ABG）が－3.8％と5行が不合格であった。2011年のストレステストは第1章でも説明したが，欧州銀行監督機構（EBA）によって実施され，やはりＡＢＧが不合格となった。

　第五に，不良債権比率が上昇している。第二位のAlpha銀行の場合，2008年12月期の不良債権比率は3.9％であったが，2009年12月期には5.7％へと上昇し，さらに2010年12月期には8.5％へ上昇した。第四位のPiraeus銀行の場合も，同じく3.56％から5.08％，そして2010年12月期に7.6％へ悪化した。

　ギリシャの商業銀行の貸出全体における不良債権比率は，2004年には約7％であったが，2008年から反転し，2009年12月には7.7％に上昇し，2011年3月

91

には11.5％まで達した。特に消費者ローン（Consumer loans）については不良債権比率が上昇し，2009年12月には13.4％まで上昇した。これは消費者の税負担増加や失業率上昇に起因すると指摘されている。[36]

　ギリシャにおける銀行の貸出先内訳を見ると，消費者ローンは構成比が2000年における9.3％から2009年には14％へ上昇しており，ギリシャの銀行が消費者ローンを増加させていることがわかる。一方，企業向け貸出は同じく70.5％から2011年には45.4％へ低下しており，ギリシャにおいても企業向け貸出が伸び悩んでいる。他方，住宅ローンは18.8％から35％（2009年）へと著しく上昇しており，ギリシャにおいても住宅関連が2000年以降伸びたことがわかる。[37] 全体として，消費者ローンは構成比が14％台であるにしては，相対的に不良債権比率が高いと言える。

　銀行による不良債権の処理状況として，不良債権額から引当金を控除した金額（引当金未計上の不良債権額）の対自己資本比率は，2006年12月における15.4％から，2011年3月には51.2％へ上昇している。すなわち，ギリシャの銀行は，不良債権の発生に対し，処理（引当金計上）が追いつかない状況にある。[38]

（3）　ギリシャ国内銀行のバランス・シート

　図表4－5は，ギリシャの銀行のバランス・シートにおける資産構成を，2001年から見たものである。まず資産構成に注目する。第一に，金融危機や財政危機にかかわらず，傾向として，総資産額は増加している。総資産額は2001年に2,125億ユーロであったが，2007年に3,915億ユーロ，そして2010年には5,153億ユーロへ増加したが，2011年9月に4,910億ユーロに減少した。第二に，貸出については，2001年から2008年までは増加し，2010年には2,806億ユーロへ増加したが，2011年9月に2,710億ユーロに減少した。減少は主として中央政府向け貸出の減少による。第三に，債券については，2002年における22.8％をピークとして，2010年には15％まで低下した。これは主として，ギリシャ国債の比率低下に起因しており，ギリシャ国債は2001年における19.8％か

第4章　ギリシャの財政危機と欧州系銀行の国債保有

図表4-5　ギリシャの銀行のバランス・シート構成

(単位：100万ユーロ、%)

	2001	2002	2003	2004	2005	2006	2007	2008	2009	2010	2011.6	2011.9
資産												
貸出①	81,779	95,084	110,019	127,638	152,889	172,484	204,473	225,995	214,113	280,557	271,412	271,004
債券（小計）②	46,339	48,478	45,454	45,422	54,147	60,491	65,583	80,710	95,978	77,251	77,019	71,313
ギリシャ国債③	42,108	40,477	31,747	27,871	31,446	29,660	23,678	27,676	33,649	44,839	49,141	44,878
ユーロ圏国債券	2,073	4,026	5,944	4,459	5,792	6,024	7,839	7,669	7,031	4,916	3,943	3,691
その他海外債券	1,415	3,066	5,095	7,174	7,152	10,733	15,121	28,100	36,379	26,445	23,019	21,851
株式	12,201	9,993	9,306	9,057	9,898	13,815	17,274	16,321	18,957	19,394	19,939	20,377
合計④	212,481	212,397	229,056	246,005	286,044	321,410	391,504	464,747	492,609	515,314	503,223	490,959
負債・資本												
ギリシャ銀行の信用供与⑤	649	3,018	4,421	272	2,425	4,866	8,795	40,594	49,723	97,794	103,108	78,196
金融機関からの調達	22,674	32,606	36,943	31,123	37,516	45,082	69,144	77,822	91,526	66,257	65,114	55,699
預金等	135,733	133,849	140,030	159,855	187,587	211,458	248,706	280,388	279,544	280,243	249,443	247,100
資本⑥	19,225	19,657	17,109	19,112	22,646	24,763	28,859	28,048	39,257	43,965	46,781	47,195
合計④	212,481	212,397	229,056	246,005	286,044	321,410	391,504	464,747	492,609	515,314	503,223	490,959
貸出/資産比率（①÷④）	38.5	44.8	48	51.9	53.4	53.7	52.2	48.6	43.5	54.4	53.9	55.2
債券/資産比率（②÷④）	21.8	22.8	19.8	18.5	18.9	18.8	16.8	17.4	19.5	15	15.3	14.5
ギリシャ国債比率（③÷④）	19.8	19.1	13.9	11.3	11	9.2	6	6	7.4	8.7	9.8	9.1
ギリシャ銀行依存比率（⑤÷④）	0.3	1.4	1.9	0.1	0.8	1.5	2.2	8.7	10.1	19	20.5	15.9
自己資本比率（⑥÷④）	9	9.3	7.5	7.8	7.9	7.7	7.4	6	8	8.5	9.3	9.6

(出所) http://www.bankofgreece.gr/Pages/en/Statistics/money/default から作成。

(注) 国債、ユーロ圏債券、その他海外債券は内数。合計はその他を含む。各年末現在だが、2011年は6月末と9月末。

ら2007～2008年には6％まで低下した。しかし2009年以降，国債の比率は上昇し，2011年6月末には9.8％となった。だが2011年に入り，国債保有額は6月の491億ユーロから，9月には449億ユーロへ減少した。

債券全体も2009年から2010年にかけて，比率でも絶対額でも減少した。2010年における債券の減少は，ギリシャ国債に起因するのではなく，ユーロ圏以外の海外債券の減少に起因している。ユーロ圏以外の海外債券が2010年に減少した背景としては，ドル建てのMBS（不動産ローン担保証券）など，ドル建て債券等を売却した可能性が考えられる。ユーロ圏以外の海外債券は，債券全体において，2001年には3.1％の構成比であったが，2009年には38％まで上昇し，絶対額としてギリシャ国債よりも大きくなっていた。ユーロ圏以外の海外債券は2009年に364億ユーロあったが，2011年6月末には230億ユーロと，134億ユーロ減少しており，急速に売却されている。

ギリシャ国債の国内銀行による保有シェアについて，確定的なデータは存在しないものの，総合的に見て，ギリシャ国内銀行による国債保有は2007年をボトムとして増加し，2011年6月までに，ほぼ倍増している。海外の銀行が2010年以降，ギリシャ国債を大幅売却した可能性が高く，国内銀行が2011年6月までは受け皿となったと見られる。

ついで銀行の負債・資本面を見る。第一に，欧州系銀行全体の特徴であるが，預金の比率は高くなく，50～60％の比率にとどまっている。ただし，欧州系銀行のもうひとつの特徴である，カバードボンドなど債券発行は，ギリシャではわずかであり，図表4－5でも記載していない。第二に，金融機関からの調達（借入）については，2009年まで915億ユーロと増加したが，2011年9月には557億ユーロと急減した。金融機関からの借入の市場は，インターバンク市場などホールセール市場であるが，2010年のギリシャ国債不安で，ギリシャ系銀行の信用度は低落し，2011年現在，インターバンク市場では借入が困難になっている。第三に，こうした動向を補完している経路が，ギリシャ銀行（中央銀行）からの信用供与であり，実質的にはECB（欧州中央銀行）によるレポオペである。ECBはギリシャ国債を適格担保として，レポオペを実施して

いる。このオペ残高が図表4－5では,「ギリシャ銀行の信用供与」とされている。このレポオペ経由の資金供給は,2004年までわずかな金額であったが,2007年以降急増し,2008年には406億ユーロ,そして2011年6月末には1,031億ユーロ（資金調達で20.5％）に達している。預金が伸びず,インターバンク市場での調達が困難なため,中央銀行が「最後の貸し手」として,ギリシャの銀行を支えている。この点は,第6章でも触れている。第四に,図表4－5で,自己資本比率が2008年の6％から,2011年6月に9.3％まで上昇しているが,この自己資本には不良債権引当金が含まれ,しかもその引当率は対不良債権額で低下している。このため,実質的には財務の健全性が高まっているわけではない,と言えよう。

5 独仏への資金依存と国債保有

（1） BIS統計とギリシャ向け債権

　2009年以前は,ギリシャの銀行は,ギリシャの国債消化先として,十分ではなかった。これは,もともとギリシャでは家計の貯蓄率が低いことも一因と見られる。EU27カ国平均で貯蓄率（対家計可処分所得比）は11～12％であるが,ドイツで15～16％,フランスで14～15％である。しかし他方,ギリシャの貯蓄率は1～2％であり,EU加盟国のなかでも最低水準である。今日のギリシャ人（古代ギリシャとは異なり,スラブ系が中心）は享楽指向と言われるが,消費性向が高く,貯蓄性向は低い。

　また,2010年にはギリシャの銀行から預金引き出しも増加した。ギリシャの銀行の負債構造において,預金の比率は2007年に63.5％あったが,2011年上半期末には49.6％へ低下した。他方,負債において,ECBからの信用供与は2005年において1％に過ぎなかったが,2009年上半期末には12％まで上昇した。[39]

　こうした国内金融機関の状況からして,2009年まで海外資金への依存が高かった。しかし,2009年秋以降,ギリシャへの海外からの資金は急速に自国へ

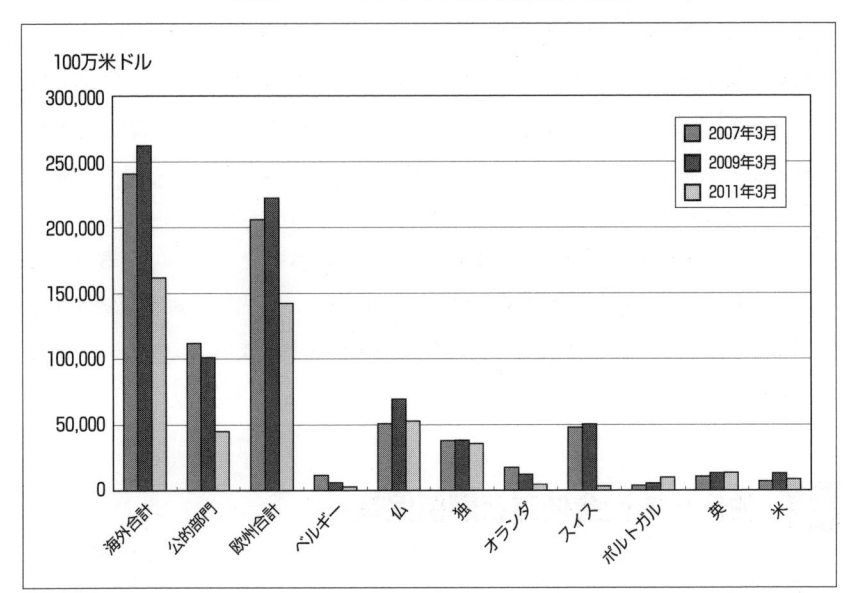

図表4-6　ギリシャ向け貸出債権の内訳

[グラフ：100万米ドル単位、凡例：2007年3月、2009年3月、2011年3月。横軸項目：海外合計、公的部門、欧州合計、ベルギー、仏、独、オランダ、スイス、ポルトガル、英、米]

(出所) BISから作成。
(注) 公的部門は海外からのギリシャ公的部門向け貸出債権。

還流している。2009年9月に，ギリシャへの海外資金残高（貸付）は3,026億ドルあったが，2009年12月には2,362億ドルまで，664億ドルが3カ月間で減少した。さらに2010年3月には2,237億ドルとなり，また125億ドルが減少した。合計して，半年で789億ドルの減少である。2011年6月現在，1,576億ドルまで減少した。

ギリシャへの海外資金の中心は欧州である。図表4-6はBIS統計によるギリシャへの海外からの貸付債権を示すが，欧州からの資金は2009年3月に2,225億ドルであったが，12月には1,886億ドル，2010年3月には1,776億ドルと，半年で752億ドル減少した。2011年6月現在，1,267億ドルまで減少した。世界からギリシャへの資金減少は，ほぼ欧州からの資金減少に起因している。

ギリシャへの貸付債権（証券を含む）が最も大きい国は，フランスである。

第4章　ギリシャの財政危機と欧州系銀行の国債保有

2009年9月にフランスはギリシャに755億ドルの債権があったが，2011年6月には513億ドルに減少した。しかし依然として，フランスがギリシャへの最大の債権国である。ギリシャの銀行として，第11位にランクされている，Geniki銀行は仏ソシエテ・ジェネラル（SG）の子会社で，SGが54％を出資していた。[40] また同じく第5位にランクされている，Emporiki銀行は仏クレディ・アグリコール（CA）の子会社であり，CAは2009年に7,500億ユーロを投じて，Emporikiを買収した。このように，フランスはギリシャと深い経済関係にある。[41]

ギリシャへの貸付債権で第二位は，2009年9月まではスイスであった。2009年9月には対ギリシャ債権は640億ドルあったが，2009年12月には36億ユーロとなり，600億ドル以上減少した。2010年10～12月の期間で，スイスはギリシャ向け債権を約600億ドル減少させ，回収したことになる。2011年3月現在，スイスの貸付残高は32億ドルまで減少した。ギリシャの銀行として，第三位にランクされるEFG Eurobank Ergasiasはスイス系銀行であり，スイスもギリシャとの関係が深い。2009年10月から12月の3カ月間は，ギリシャで新政権が誕生し，旧政権による財政赤字の下方修正が発表された時期である。この時期にスイス系銀行がギリシャ国債を売却した可能性，貸付を回収した可能性が考えられる。

ギリシャへのスイスからの貸付債権減少との関係で，スイス中央銀行が2010年5月に，対ユーロで為替介入を実施したことは注目される。スイス中央銀行は5月に外貨準備高を730億ドルほど増加させており，ユーロを買い，スイスフランを売却した。[42] ユーロ建てのギリシャ国債をスイス系銀行が売却したため，為替レートがユーロ安・スイスフラン高になり，これを是正するために為替介入した可能性も否定できない。スイスフランの対ユーロ為替レートは，2009年7月には1ユーロ＝1.52スイスフランであったが，2010年5月には1.42スイスフランとなり，6月には1.38スイスフランまで上昇した。[43]

スイスが貸付債権を減少させて以降，ドイツがギリシャ向け債権で第二位となった。ドイツのギリシャ向け債権は2009年9月には432億ユーロあり，2010

97

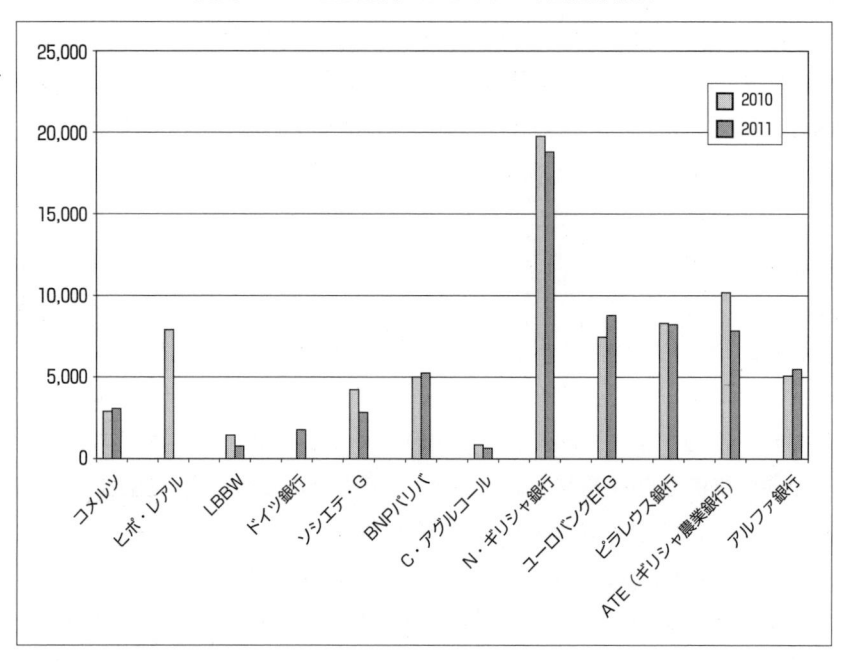

図表4－7　主要銀行によるギリシャ国債保有額

(出所) 2010年はCEBS（欧州銀行監督委員会），2011年はEBA（欧州銀行監督機構）の各ストレステストによる各行開示データから作成。

年3月には442億ユーロへ微増した。しかし2011年6月現在，ドイツの債権は335億ドルである。ドイツのギリシャ向け債権は，2010年後半以降，減少した。このほか，オランダ，ポルトガルなどがドイツに続いている。BISのデータによると，イギリスは2009年3月に134億ドル，2011年6月には126億ドルとなっている。

（2） 独仏系銀行と国債保有の開示

図表4－7はドイツ・フランス・ギリシャの主要銀行によるギリシャ国債の保有額を示している。EUで実施された，2010年と2011年のストレステストにより，自主的に開示されたデータである（2010年と2011年のストレステストは，開

第4章　ギリシャの財政危機と欧州系銀行の国債保有

示基準が異なり，あくまで概数である）。2010年では自主開示だったため，例えばドイツ最大の銀行であるドイツ銀行などは2010年には公表していない。

　第一に，独仏の主要行の場合，多くは2010年から2011年にかけて，ギリシャ国債を売却し，その保有額を減少させた。典型的な銀行は，ドイツのヒポ・レアル・エステートであり，2010年には79億ユーロのギリシャ国債を保有していたが，2011年にはゼロとなった。2010年を通じて，ギリシャ国債を大幅に売却したと見られる。このほか，LBBW（バーデンビュルツブルグ州銀行）が14億ユーロから7.8億ユーロへ，ソシエテ・ジェネラルが42億ユーロから28.4億ユーロへ，それぞれギリシャ国債保有額を減少させた。

　第二に，ギリシャの銀行では，ギリシャ国債保有額は横ばいか，増加した。ギリシャの銀行として，バンカーズ誌で第3位にランクされるユーロバンクEFGでは，2010年における75億ユーロから2011年には88億ユーロに増加した。またアルファ銀行も，同じく51億ユーロから55億ユーロに増加した。ギリシャの銀行として，最大額を保有するナショナル・バンク・オブ・ギリシャ（NBG）では，198億ユーロから188億ユーロとほぼ横ばいで推移している。ギリシャの銀行は，やはり全体としては，2010年以降2011年半ばまではギリシャ国債の受け皿となっている。

　第三に，ほとんどの銀行の国債保有は銀行勘定（満期保有）が中心であり，売買勘定（一時的保有）はわずかである。2010年の場合，ドイツのコメルツ銀行は29億ユーロのギリシャ国債を保有していたが，全額が銀行勘定であった。問題は，EUのストレステストは2010年分，2011年分共通して，売買勘定だけをリスク評価の対象とし，銀行勘定（満期保有）を除外したことである。コメルツ銀行はギリシャ国債を29億ユーロ保有していたが，リスクゼロと評価されている。しかし，仮にギリシャ国債がデフォルトした場合，銀行勘定であるか，売買勘定であるか，基本的には関係しない。銀行に元利償還がないことに変わりはない。またデフォルトしなくとも，国債価格が大幅に低下した場合，銀行勘定であっても評価損を計上する必要があるだろう。

　ギリシャのNBGのTier1資本が2009年年末現在，109億ユーロである。2010

年に，198億ユーロのギリシャ国債エクスポージャーがあるが，うち181億ユーロが銀行勘定（満期保有）であり，EUのストレステストでは評価から除外された。差額（198 − 181 = 17）の17億ユーロだけが売買勘定としてリスク評価され，ギリシャ国債は23％価格下落と仮定されたので，約4億ユーロの損失に過ぎない。Tier1資本は109億ユーロから105億ユーロに減少するだけであり，ストレステストに当然合格するであろう。しかし銀行勘定（満期保有）分をリスク評価に含めると，一挙に100億ユーロ近い損失が予想され，NBGではTier1資本を超過する可能性が考えられる。欧州の銀行は依然として，薄氷を踏む状態にあると見られる。

6 まとめに代えて

　ギリシャでは2011年から2014年にかけて毎年300億ユーロ程度といった高水準の国債満期償還を迎える。[44)] IMFとEUによるギリシャ支援融資は当初，総額1,100億ユーロ（3年間）とされたが，この国債満期償還を見込んだ金額と推定される。[45)] しかし，これもギリシャの自助努力を前提としており，ギリシャの財政再建が計画どおり進まない場合，再び国債の償還・借換問題が浮上しよう。その場合，IMFとEUの追加支援策（第二次支援は実施）が課題となる可能性が否定できないところである。ギリシャの財政再建が進捗するか，否か，に今後はかかっていると言える。

　グローバル化の進展は，一国的な福祉国家を根幹から揺るがすことを，今回の事態は白日のもとにさらすこととなった。単一通貨ユーロの導入によって，ギリシャはグローバル化への統合という選択をしたが，それは同時に福祉国家を離脱し，財政赤字の圧縮も余儀なくされることを意味した。グローバル化への対応と，福祉政策の維持という困難な課題がEU諸国に突きつけられている。

第4章　ギリシャの財政危機と欧州系銀行の国債保有

(注)
1) *International Herald Tribune*, February 4, 2010
2) *International Herald Tribune*, February 15, 2010
3) 『金融市場レポート』，日本銀行，2010年7月，p6.
4) 統計データは特に断らない限り，Eurostatによる。
5) 詳細は，代田純，「欧州経済の現状と対日株式投資の動向」，『証券レビュー』，2010年10月号，表6を参照されたい。2004年に中東欧諸国10カ国がEU加盟して以降，EU共通財政の再分配は，中東欧向けに強まっており，南欧向けは弱まっている。中東欧はドイツ語圏でもあり，ドイツの影響力が強いが，南欧は銀行の債権関係からもフランスの影響力が強い。今回のギリシャ問題にも，EU共通財政からの所得移転減少が関連していると見られる。
6) Bank of Greece, *Monetary Policy 2008-2009*, February 2009, p132
7) Bank of Greece, *Monetary Policy 2008-2009*, February 2009, p98
8) Hellenic Republic Ministry of Finance, Public Debt Management Agency, Issuance Calendar-Syndication and Auction Results, http://www.pdma.gr
9) 注8)に同じ。
10) 注8)に同じ。
　この2010年の7年債入札発行において，募集額50億ユーロに対し，応募額は62億ユーロにとどまったことが指摘されている。*The Economist*, London, April 10, 2010, p71
11) Bank of Greece, *Monetary Policy 2008-2009*, February 2009, pp106 ~ 107
12) Eurostat, *Europe in Figures, Eurostat yearbook 2010*, p117
13) IMF, *Country Report No. 11/68*, March 2011, p12
14) IMF, *Staff Report for the First Review Under the Stand-By Arrangement, Supplementary Information*, September 8, 2010, p3
15) Eurostat, *Europe in Figures, Eurostat yearbook 2010*, p360
16) シティ・グループ証券レポート，「ムーディーズ，ギリシャをＡ２に引下げ」，2009年12月25日，p5
17) 注8)に同じ。
18) 注14)に同じ。
19) IMF, *Staff Report on Request for Stand-By Arrangement*, IMF Country Report No. 10/110, May 2010, p13
20) *International Herald Tribune*, March 13·14, 2010
21) *International Herald Tribune*, May 22·23, 2010

年金の所得代替率については，異なる評価もあり，ギリシャの所得代替率は93.6％という評価もある。*Financial Times*, July 30, 2010
22) Ministry of Finance, *Update of the Hellenic Stability and Growth Programme, Including an Updated Reform Programme*, Athens, January 2010, p53
23) Bank of Greece, Central Government Net Borrowing Requirement on a cash basis：January-April 2010, http://www.bankofgreece.gr/
24) 注19）に同じ。p59
25) 注23）に同じ。：July 2011
26) European Central Bank, *Financial Stability Review*, June 2010, p98
27) 注26）に同じ。p67
28) *The Economist*, London, May 1, 2010, p66
29) Credit Suisse, Fixed Income Research, *Investment Themes Beyond Greece*, April 28, 2010
30) *The Banker*, November 2008, p64
31) *The Banker*, March 2010, p66
32) *Financial Times*, July 24・25, 2010
33) *The Economist*, July 17, 2010, p15
34) *Financial Times*, July 26, 2010
35) *Financial Times*, July 27, 2010
36) Bank of Greece, *Financial Stability Report*, July 2010, p6
    Bank of Greece, *Monetary Policy 2008-2009*, February 2009, p113
37) 注19）に同じ。p31
38) IMF, *Staff Report on Request for Stand-By Arrangement*, IMF Country Report No. 11/175, July 2011, p52
39) Bank of Greece, *Interim Financial Stability Report*, December 2009, p33
40) *Financial Times*, May 6, 2010
41) *Financial Times*, May 13, 2010
42) http://www.snb.ch/ext/stats/akziwe/pdf
43) 注42）に同じ。
44) 注8）に同じ。
45) *International Herald Tribune*, October 29, 2010によると，ユーロシュタット（Eurostat）から統計の専門家がギリシャに送り込まれており，2009年の財政赤字対ＧＤＰ比率は8.1％から8.9％へ，2010年についても13.6％から15.5％へ修正される可能性がある，と言う。その後，この報道は現実化した。

第5章

スペイン，アイルランド，ポルトガルの財政危機とユーロ不安

1 はじめに

　本章は，ユーロ不安との関係で，ユーロに参加する周辺国の財政危機を検討する。周辺国とは，具体的にはスペイン，ポルトガル，アイルランド，ギリシャであるが，前章で詳しく検討したので，本章ではギリシャは簡単に触れることとする。他方，本章の後半では，EU加盟を目指すトルコの経済・財政状況について取り上げる。

　まずユーロ不安とは，2009年以降EUでの金融危機を背景として，統一通貨ユーロが主要通貨に対し売り込まれ，ギリシャやアイルランド，ポルトガルへのIMF・EUの共同緊急融資が実施されたにもかかわらず，依然としてユーロからの一部加盟国離脱がささやかれる事態を指している。

　ユーロ不安は，07年にはパリバ・ショックなど，いわゆるサブプライム問題に欧州系金融機関が予想以上に関与していることで進行した。[1] ついで世界金融危機の影響もあり，欧州系銀行の中東欧向け貸出が不良債権化していることで，ユーロ不安が深化した。[2] しかし，これにとどまらず，09年以降はギリシャの財政赤字上方修正を契機として，南欧の財政問題が焦点となった。[3] 2010年後半からは，アイルランド，スペイン，ポルトガル等の周辺国財政に注目が移行してきた。そこで本章では，これら3カ国を中心として財政構造の特質を検討する。

　アイルランドはイギリスの西側に位置し，EUのなかでは地理的には北部に

近い。他方，スペインとポルトガルは南欧に属する。したがって地理的には，3カ国は異なる位置にあるものの，財政構造にはかなり共通性が看取される。

　第一に，税収構造においては，直接税の地位が低く，近年では資産取引関連税の税収が多かったことである。スペインとアイルランドでは，銀行貸出が不動産関連を中心に急増し，資産取引が増加したが，その後激減した。このため税収構成でも資産取引関連の税収が，大きく変化した。

　第二に，歳出構造においては，社会保障関連がかねて中心であったが，金融危機以降の失業率上昇により，雇用保険関連の支出が急増した。また第1章でも指摘したように，高齢化が進んでいることも潜在的に影響している。

　第三に，国債についても，11年以降の満期償還額が高水準であり，各国政府は毎年の財政赤字に追加して資金調達を迫られる。また国債の外国人（非居住者）保有比率が高かったことも，共通している。スペインとアイルランドでは，国内銀行による国債保有額も大きく，銀行への懸念も続くであろう。

　トルコについては，金融危機によって新興国として深い打撃を被った。しかし，2010年以降，金融危機の影響から脱しつつあり，財政も改善しつつある。総じて，経済のファンダメンタルズ（経済の基礎的諸条件）は比較的良好であり，経済指標からはEU加盟はさほど困難ではない。しかし，トルコのEU加盟問題は，政治的・宗教的な側面が問題となろう。

2　金融危機と財政赤字の急拡大

　ユーロ圏では，2007年以降の金融危機により，平均して財政赤字が拡大した。ユーロ加盟国平均でも財政赤字の対GDP比率は，07年には－0.6％であったが，08年には－2％へ増加し，09年には－6.3％へ急増した。

　ギリシャはもともと財政赤字が大きかった。03年でギリシャの財政赤字は－5.6％あり，さらに04年にも－7.5％に達していた。これは，本来，ギリシャの財政規律が弛緩していたことを示している。第4章でも触れたが，ギリシャでは，企業のほとんどが従業員10名程度の小企業であり，法人税による税収はわ

第5章 スペイン,アイルランド,ポルトガルの財政危機とユーロ不安

ずかである。他方,年金の支給基準はEUのなかでも,最も受給者に有利となっていた。[4]

　他方,スペインとアイルランドは,統一通貨ユーロ導入の成功例と称賛されてきた。アイルランドは,1人当たりGDPは,1998年に121（EU27カ国平均＝100）であったが,07年には150まで上昇した。08年でも1人当たりGDPは4万900ユーロであり,EU平均2万5,100ユーロを大きく超過する（日本は2万5,900ユーロ,米国は3万2,200ユーロ）。[5] アイルランドは法人税減税により外資系企業を誘致し,国内経済を成長させた。アイルランドの財政収支は2000～01年,03～06年において黒字であり,財政面でもEUの優等生であった。「アイルランドの奇跡」は,ユーロ導入の成功例として,2007年前まで注目された。

　しかし,07年における金融危機を契機として,状況が激変した。07年の金融危機前に,アイルランドの銀行資産は,GDPの9倍と言われた。07年以降の金融危機にアイルランドの銀行は直撃され,政府は08年12月に,アライド・アイリッシュ・バンクとバンク・オブ・アイルランドに70億ユーロの公的資金注入（優先株引受）を発表した。[6] さらに09年4月には,公的資金により,銀行の不良債権を最大900億ユーロ買い取る受け皿機関（バッド・バンク）を設立した。[7] しかしこれにとどまらず,アングロ・アイリッシュ・バンクを09年1月に国有化し,10年10月までに230億ユーロの公的資金を注入した。[8] こうした一連の銀行への公的資金注入によって,財政負担が急増し,財政赤字が拡大した。財政赤字の対GDP比は08年には－7.3％,09年には－14.4％,10年には－32.3％とアイルランドの財政赤字は急拡大した。

3 住宅バブルとその破裂

　スペインとアイルランドに共通している特質は，2000年以降，銀行貸出が急増し，07年まで住宅価格が著しく上昇したことである（「住宅バブル」の発生）。南欧については，独仏等からの別荘需要も一因であった。さらに07年以降，金融危機の発生により銀行貸出が急速に縮小し，住宅価格も急低下した。スペインもアイルランドも，自国の製造業では欧州を代表するような企業は見当たらないものの，両国とも銀行など金融セクターは肥大化していた。この点が財政にも反映しているため，以下で明らかにしておく。

　図表5－1は，スペインとアイルランドにおける銀行の不良債権比率（対貸

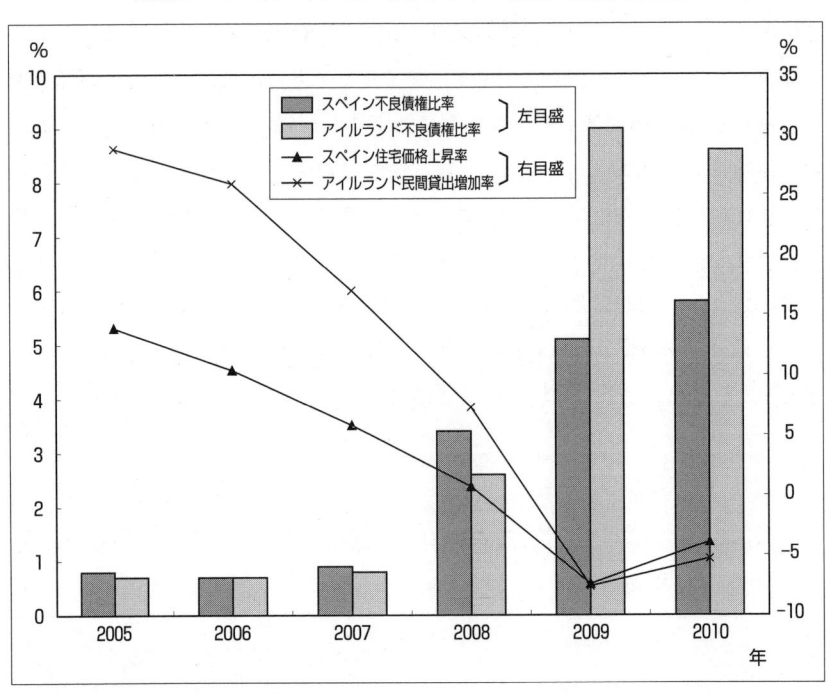

図表5－1　スペインとアイルランドの住宅・銀行関連指標

（出所）IMFレポートから作成。

第5章　スペイン，アイルランド，ポルトガルの財政危機とユーロ不安

出残高），住宅価格上昇率，対民間貸出増加率を示している。スペインとアイルランドの双方において，不良債権比率は08年以降急上昇している。スペインの不良債権比率は，07年における0.9％から，08年には3.4％，10年には5.8％と上昇した。アイルランドにおいては，不良債権比率の上昇はさらに著しく，07年に0.8％であったが，09年には9％まで上昇し，10年でも8.6％となった。

こうした不良債権の発生は，05年までに銀行貸出増加率が，アイルランドでは28.8％に達するなど，銀行貸出が膨張したことに起因している。アイルランドの銀行貸出増加率は06年にも25.9％あったが，08年には7.3％に沈静化し，2009年には－7.6％と落ち込んだ。10年でも－5.3％となっている。こうした銀行貸出の動向は，住宅価格に反映し，スペインにおける住宅価格上昇率は05年には13.9％であった。しかしその後，金融危機を契機として急落し，09年には－7.4％，10年には－3.9％と低下した。

アイルランドにおける住宅価格の高騰は著しく，1997年3月の住宅価格を100とすると，07年には350程度まで上昇した。そして2009年後半には250程度まで下落した。特に住宅ローンでは，低金利通貨である円建てローンやスイスフラン建ての外貨建て住宅ローンが急増したと言われた。円やスイスフランの為替レートが安い時には元利償還が容易であったが，金融危機以降，円高・スイスフラン高になり，アイルランドでの住宅ローン元利払いは実質負担が急増した。住宅ローンが支払えない家計が続出し，不良債権が一挙に増加した。この結果，住宅も投げ売り状態となり，価格は急落した。こうした動向は第3章で検討した，中東欧の金融危機と共通性がある。

問題は，こうした住宅市場と金融機関の問題が，実体経済全般に波及したことである。銀行は不良債権を抱えた場合，与信（貸出）には慎重になる。BIS自己資本比率規制もあるため，銀行は追加の不良債権増加を懸念するからである。住宅関連以外も含む，企業向け貸出全体が縮小し，資金力の弱い企業から資金繰りが悪化し，倒産した。このため失業率が急上昇する。こうした負の連鎖を抑止しようと，銀行へ公的資金が注入されたが，これが財政赤字拡大の大きな要因となった。

以上の銀行貸出と住宅価格の動向は，資産取引の増加と減少として税収構造に，失業率上昇と雇用問題として社会保障支出に反映されることとなった。

4　税収構造の変化と資産取引

　こうした銀行貸出と住宅価格の動向は，税収構造に反映することとなった。アイルランドでは，住宅価格の上昇に伴い，住宅等の資産取引が増加し，資産取引に関連する税収（資産取引に関連する付加価値税，相続・贈与税，キャピタル・ゲイン税，印紙税）が増加した。

　アイルランドでは，よく知られているように，法人税減税により，外資系企業を誘致してきたこともあり，税収における直接税の比率が低い。09年においても直接税（所得税と法人税）は，税収の50％以下となっている。他方で，付加価値税などの間接税の比重が高い。

　アイルランドにおける直接税と資産取引関連税の税収対GDP比率を見ると，06年に直接税（所得税と法人税の合計）が10.8％に対し，資産取引関連税は11.7％と上回り，また07年にも同順で10.5％，11％であった。2006から2007年にかけて，資産取引関連の税収が，直接税税収を上回っていたわけで，国家財政の基幹を支える税収が資産（特に不動産）取引依存であった。しかし金融危機が発生して以降，不動産価格の低下と資産取引の減少によって，08年には資産取引関連税の税収は減少し対GDP比率は9.3％となり，09年には7.6％へ低下した。

　2010年現在，付加価値税の標準税率は，アイルランドで21％，スペインで18％，ポルトガルで21％となっている。しかし，まず軽減税率の品目があり，各国での軽減税率は，スペインでは4～8％，アイルランドでは4.8～13.5％，ポルトガルでは6～13％となっている。また付加価値税が非課税となる品目もかなり存在している。アイルランドでは食料品の一部，薬品，図書が付加価値税非課税である。[9] しかし住宅については，アイルランドでは軽減税率ながら課税されており，付加価値税税収において20％強が不動産関係となっ

第5章　スペイン，アイルランド，ポルトガルの財政危機とユーロ不安

ていた。[10]

　またアイルランドで印紙税は，居住用資産には7～9％の税率で課税され（ただし初回の購入者は免税），非居住用資産では1～6％で課税される。06年の場合，印紙税の税収構成において，土地・住居による税収は30億ユーロに達し，印紙税税収36億ユーロの83％を占めた。土地・住居に次ぐ印紙税の税収は，株式売却（1％課税）による税収であり，06年には4億ユーロの税収があった。しかし08年以降，印紙税の税収は激減し，09年には10億ユーロとなった。このうち土地・住居による税収は3.3億ユーロへ減少した。[11] なお，アイルランドの蔵相は2010年12月の予算演説において，11年に居住用資産への税率を1～2％へ引き下げると表明した。

　アイルランドの資産取引関連税とは，不動産関係の付加価値税，印紙税に加え，相続・贈与税とキャピタル・ゲイン税を指す。相続・贈与税は07年に約4億ユーロの税収があったが，09年には2.6億ユーロへ減少した。相続・贈与税のうち，約8割は相続税による税収である。キャピタル・ゲイン税は資産の購入価格と売却価格の差額に25％で課税され，06～07年には約30億ユーロの税収があったが，09年には5.4億ユーロまで減少した。アイルランドにおいて，06年の税収合計は455億ユーロであり，印紙税税収は36億ユーロ，キャピタル・ゲイン税税収が約30億ユーロであったから，資産取引関連税は税収において高い比率を占めていた。

　スペインでは，08年から09年にかけて，金融危機対策として，景気刺激策がとられたが，その対GDP比率は6％を超えており，ユーロ圏でも最も大規模であった。景気刺激策は，個人所得税，付加価値税の減税であった。こうした減税措置が2010年以降の財政危機をもたらす一因となったことは否定できない。またポルトガルは，間接税の比重がEUのなかでも高く，09年には間接税税収が減少し，財政赤字が拡大した。

　以上のように，アイルランドを中心として検討したが，税収構造に，住宅など資産価格の変動が強く反映し，今日の財政危機の一因となっている。

5 失業率の上昇と社会保障支出増加

　税収構造に資産価格変動が影響した一方，失業率の上昇が失業手当を中心として，社会保障支出を増加させた。金融危機（2007年から2008年）によって長期金利が上昇し，財政の利払い負担が増加したことに加え，失業率が上昇し，社会保障支出が増加したことが，2010年以降の周辺国財政赤字を特徴づけている。

　2011年7月，アメリカでも国債発行上限額をめぐり，オバマ大統領と議会（特に共和党中心の下院）が対立し，上限額引上げを望む大統領と，上限額据置きを主張する共和党（特に茶会派と呼ばれる保守派）が論戦を繰り広げた。オバマ大統領の経済政策は，低所得層への福祉を維持し，増税を高所得層中心にはかる枠組みであり，福祉国家的側面も見られる。しかし，ユーロ圏の失業率上昇と社会保障支出の増加は，その規模と程度において，アメリカを根本的に上回っており，この点が2010年以降の財政赤字とユーロ不安の一因であろう。

　まず図表5－2で失業率を見ておくと，棒グラフが失業率であり，左からポルトガル，スペイン，アイルランドの順である。スペインでは05～06年の好況期でも失業率は8％台と高かった。これには，景気循環以外の構造的な失業がある，と言われる。さらにスペインの失業率は08年に18％，09年に19.3％，10年に20.1％へ上昇した。ポルトガルでも05～06年に失業率は7％台であったが，09年に9.6％，10年に11％に上昇した。アイルランドでは05～06年に失業率は4％台であったが，09年には11.8％へ，さらに10年には13.5％へ上昇した。

　これら3カ国では，金融危機以降，銀行が資金調達難に陥り，企業向け貸出を抑制したことも，失業率上昇の一因と見られる。中小企業を中心に，企業倒産が増加したためである。また失業率の上昇は，所得の発生件数が減少することを意味するので，所得税の税収減少にも影響している。

　アイルランドにおける失業の特質として，若年層および男性で失業率が高いとされている。20～24歳の男性の場合，失業率は25％以上に達している。同

第5章　スペイン，アイルランド，ポルトガルの財政危機とユーロ不安

年齢で女性の失業率が10％強であることに比べ，若年・男性の失業率は大幅に高くなっている。また近年，長期失業率（労働力のうち，1年以上にわたり失業している者の比率）が上昇していることである。業種別では，建設業や製造業で失業率が高い，とされている。[12] 07年までの住宅建設ブームのなかで雇用されていた男性・若年労働者が，住宅ブーム崩壊により失業し，不況の長期化で雇用に復帰できない，といった可能性が読み取れる。またアイルランドへの移民（他のEU諸国が主たる送り出し国）は06年までに急増しており，この時期の移民流入が現在の失業率を押し上げている可能性もある。他方，全体的に経済がサービス化しているため（金融のほか，ホテル，レストラン等），女性の雇用は比較的安定していると見られる。こうした傾向はスペインやポルトガルについて

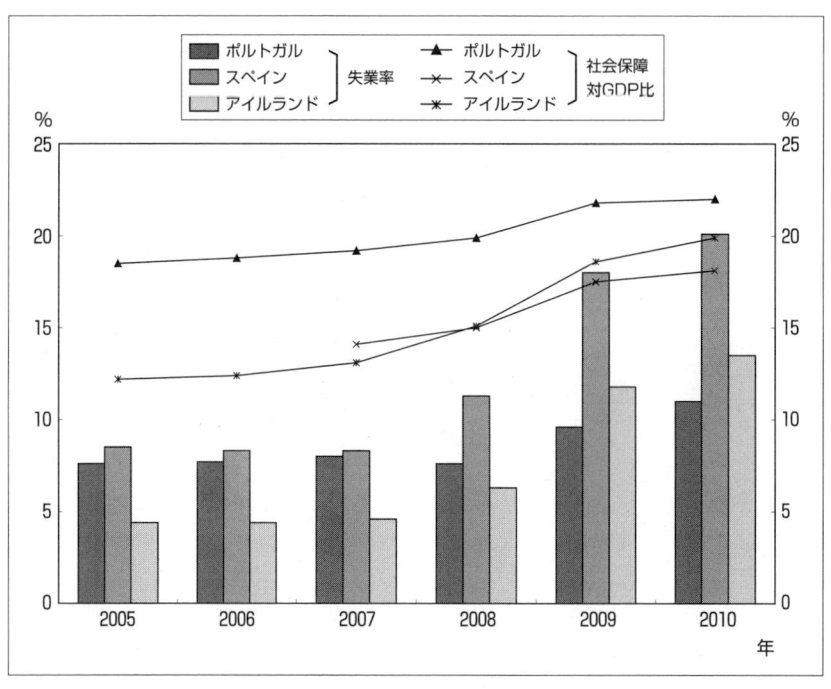

図表5-2　周辺国の失業率と社会保障対GDP比

（出所）IMFレポートから作成。

も，従来から指摘されてきた。

　スペインやポルトガルなどの失業問題について，IMFが指摘する要因は，概して労働者の権利が強いため，労働コストが高く，雇用が抑制されることである。第一に，スペイン，ポルトガルでは正規（fair）もしくは非正規（unfair）の解雇に際し，支給される手当がEU平均に比べても高い，とされる。例えば20年間雇用された労働者が解雇される場合，EU平均では4・7カ月分（月給与，20年勤続，以下同じ）の手当が支給されるが，スペインでは12カ月分，ポルトガルでは20カ月分支給される，と言う。また非正規の解雇では，EU平均が14・1カ月に対し，スペインでは22カ月，ポルトガルでは15カ月，アイルランドでは24カ月支給されると言う。[13] ポルトガルでは正規の解雇の場合，非正規の解雇よりも高い手当が支給されるが，スペインとアイルランドでは非正規解雇の手当が正規解雇の手当よりも高くなっている。

　第二に，スペインでは，賃金がインフレにリンクして決められる比率が高い，とされる。EU平均では，過去のインフレに賃金が連動する労働者の比率は16％であるが，スペインでは38％とされる。わが国の有力なエコノミスト（官庁，民間シンクタンク等）により共有される見解では，現在のユーロ不安を，ドイツやオランダなどの勝ち組国と，南欧（ギリシャ，スペイン，ポルトガル等）の負け組国の競争力格差，ととらえている。実際，ドイツやオランダが貿易収支黒字を拡大させる一方，南欧諸国は貿易収支赤字を拡大させて，格差が広がっている。こうした格差は，ユーロ導入により，為替レートの調整がなくなった現在，労働コストの反映である，とされている。

　ポルトガル，スペインでは雇用保険による失業手当の水準が高いとされる。ポルトガルの失業手当の所得代替率（雇用されている時の所得に対する失業手当の比率）は40％程度とされ，EUのなかでも最高水準である。またアイルランドやスペインでも35％前後とされている。[14] 公的な雇用保険は，財政面では雇用主負担，本人負担とならび，政府負担が大きい。このことも一因となり，図表5－2が示すように，ポルトガルの社会保障支出の対GDP比率は，06～07年に18％台であったが，10年には22％とされている。10年にはスペインでも

第5章　スペイン，アイルランド，ポルトガルの財政危機とユーロ不安

18.3％，アイルランドでも19.9％に上昇した。ポルトガルの一般政府支出は09年に812億ユーロであったが，このうち社会保障支出は351億ユーロであり，43％を占めている。

またスペイン，ポルトガルでも高齢化が進んでいる。老齢依存比率（Old Age dependency ratio, 65歳以上の人口が15～64歳人口に対し占める比率）は08年現在，EU27カ国平均で25.3％であるが，スペインでは24.1％，ポルトガルでは25.9％となっている。両国における社会保障支出増加には，こうした人口構成の変化が基底で影響していよう。公的年金や医療保険などに，高齢化は大きな影響を与える。

6　国債の償還額と外国人保有

以上のように，07年の金融危機発生以降，税収が減少すると同時に，失業率上昇等により社会保障支出が増加し，また銀行への公的資金注入も実施したため，財政赤字が拡大した。この財政赤字もプライマリー・バランス（金利支払以外の基礎的収支）と総合バランス（金利支払を含む総合的収支）に区別される。スペイン，ポルトガル，アイルランドでは，税収の減収と社会保障支出増加により，すでにプライマリー・バランスで赤字となっている。ここに国債利払い費が加わる。国債，特に長期国債利回りが上昇すると，表面利率（クーポン）の上昇につながりやすく，10年債であれば，発行後10年間にわたり利払い費負担が増加する。

長期国債利回りについても，ユーロ圏では二極分化が進んでいる。ドイツやオランダなど貿易収支で黒字が続く「勝ち組」国では，長期国債利回りが低下している。ドイツの長期国債利回りは，09年12月に3.14％（月平均，以下同じ）であったが，10年9月には2.3％まで低下した。貿易黒字で国内に資金余剰が生じていることも一因であるが，金融市場でリスクが意識され，「質への逃避（安全性が高い資産への選好）」が起きている。

しかし，スペイン，ポルトガル，アイルランドでは逆である。アイルランド

では長期国債利回りは09年12月に4.88％であったが，10年11月には8.22％まで上昇した。またポルトガルでも同順で，3.91％から6.91％へ，スペインでも3.81％から4.69％まで上昇した。問題は，こうして上昇した長期国債利回りで，新規国債を発行するので，クーポン（表面利率）の上昇につながりやすく，今後数年間は利払い負担が増加することである。それでも，利率の上昇によっても長期国債が発行可能なうちは，まだ良いほうである。ギリシャでは，利率を引き上げても，市場から長期債の買い手が付かず，長期債発行自体ができなくなったからである。結果として，国債発行が短期債中心となり，さらに償還期間が短期化するため，恒常的に償還資金に迫られ，資金繰りが悪化する。

　税収減少と社会保障支出の増加，銀行への公的資金注入により，プライマリー・バランスの赤字が発生する。ここに利払い負担が加わる。ポルトガルでは，一般政府の利払い費は05年に約39億ユーロであったが，14年には約78億ユーロまで増加し，政府支出の10％に近づくと予測されている。スペインでは，同じく07年に169億ユーロであった利払い費は，15年には478億ユーロと予測されている。15年のスペインにおける総合財政赤字は590億ユーロと予測されており，利払い費が大きくのしかかることがわかる。

　しかし，問題はさらに加わる。今後，既発国債の満期償還が到来するので，償還財源の手当が必要となる。すなわち，総合財政収支（利払い額を含む）の赤字額に，国債償還額を加えた金額が，政府資金調達必要額となる。政府資金調達額は11年にスペインではGDPの18％，ギリシャでは同じく24％，ポルトガルでは21％，アイルランドでは18％がそれぞれ必要となる。スペインの場合，2011年の政府資金調達額は約190億ユーロであり，その60％程度は満期国債の償還額である。[15]　莫大な金額であり，筆者はユーロ不安および危機が今後数年間にわたり継続する，と見ている。

　国債の保有構造に注目すると，スペインをやや例外として，ポルトガル，アイルランドでは外国人（非居住者）の保有比率が2010年まで高い。ポルトガルでは外国人による国債保有額の対GDP比率は59.9％（2009年現在，以下同じ）で

第5章 スペイン,アイルランド,ポルトガルの財政危機とユーロ不安

あり,アイルランドでは54.9%,またギリシャでは94.2%と推定されていた。スペインの同比率は31%であり,比較的低いものの,EU諸国としては平均的な水準である。イタリア,スペイン,ドイツ,ベルギー,フランスでは国内金融機関による国債保有比率が30〜40%あるため,居住者による保有比率が高くなる傾向にある。これら諸国では巨大な国内銀行(実態は多国籍銀行)が自国の国債を保有しているからである。しかし,ポルトガル,ギリシャ,アイルランドでは国内銀行の規模が相対的に小さく,国債保有比率も低いため,居住者の保有比率が低く,結果として非居住者の保有比率が高くなっている。[16]

ただし2010年にポルトガル,ギリシャ,アイルランドの国債は,外国人(主としてEU内の銀行など金融機関が中心と推定される)によって売却されたため,2011年以降,外国人の保有シェアは低下した可能性がある。

アイルランドでは,2010年6月末での国債残高は847億ユーロであるが,うち722億ユーロが外国人(非居住者)による保有(85.2%)であり,しかも満期までの残存期間構成で3年以内の国債が160億ユーロあり,海外から償還財源の調達が懸念されている。[17]

一般的に,国債の外国人(非居住者)保有比率が高いと,長期国債利回りの変動性が高くなりやすい。ユーロ圏内の非居住者投資家であれば為替レートは原則として関係しないが,運用資金がドル建て・ポンド建てであれば,為替レートも関わり,売買が短期化しやすい。結果として,国債の利回りは変動しやすく,利回り上昇局面では財政の利払い負担が増加しやすい。

また国債に関わるCDS(クレジット・デフォルト・スワップ)が急速に拡大している。CDSとは,本来,保険である。債券を保有している場合,その債券のデフォルト・リスク(元利払い不能)に備えるため,当該債券を対象とする(参照証券とする,と呼ばれる)CDSを購入し,債券保有者は保険をかけることとなる。他方,CDSの販売者は,保険料(プレミアム)を得る代わりに,債券がデフォルトを起こした場合,元利支払を義務とする。現在,多くの国債についてCDSが取引され,そのプレミアムはリスクの指標とされている(リスクが高いほど,プレミアムが高い)。ギリシャをはじめとして,アイルランド,スペイ

ン，ポルトガルの国債を参照証券とするCDSは上昇しており，リスクが上昇している。

本来，CDSは保険である。しかし，参照証券の国債を保有していなくても，CDS自体の取引が可能であり，CDSが投機対象となっている。投機化したCDSにより影響され，国債がさらに売られ，長期国債利回りが上昇し，財政の利払い負担が増加する面もあり，一般国民や納税者の視点からは問題が多い。また，ギリシャ国債の元本削減50％に関わり，銀行の「自発的」削減を根拠として，CDSが適用外とされ，保険商品としての根幹が揺らいでいる。

7 主要銀行による国債保有

スペインの銀行は，EUでもトップレベルの巨大多国籍銀行の一角である。スペインで最大の銀行は，サンタンデール（Banco Santander）であるが，自己資本（Tier1）額816億ドルで全欧州第4位の銀行（2010年現在，以下同じ）である。またスペインで第二位の銀行は，BBVA（Banco Bilbao Vizcaya Argentaria）であるが，同じく自己資本額393億ドルで，全欧州17位の銀行である。スペインは経済規模自体がユーロ圏のなかでも独仏伊に次いで大きいが，銀行の規模も大きい。[18] スペイン国債がデフォルトに近い状態になれば，ユーロ圏における経済規模，金融規模から言って，ギリシャやアイルランド，ポルトガルとは比較できないほど，ユーロに対して影響が予測される。

他方，アイルランドの銀行は，09年において世界最大の損失を計上した銀行とされる。アングロ・アイリッシュ銀行は09年に185億ドルの損失を計上し，またアライド・アイリッシュ銀行も38億ドルの損失を計上した。08年年末以降，アイルランド政府はこれら銀行への公的資金注入を繰り返し，財政負担が膨れ上がったが，依然として公的資金注入と財政負担が増加する可能性がある。アングロ銀行には2010年10月までで約230億ユーロの公的資金が注入され国有化されたが，今後340億ユーロまで膨らむ可能性がある，と言われている。[19]

銀行の資産内容に懸念が強まったため，EUの銀行監督当局（CEBS）は2010

第5章　スペイン，アイルランド，ポルトガルの財政危機とユーロ不安

年7月にストレステスト（第1回）を実施した。ストレステストとは，GDPの成長率低下や金利の上昇といった「ストレス」を加えた場合に，銀行の資産内容がどの程度不良債権化するか，といった調査である。このなかで，主要銀行の国債保有額も任意で公表された。一般に欧州系銀行はバランス・シート等で債券等としか開示していない。このため，個別銀行が，EU各国の国債をどの程度保有しているか，初めて公表された。

　図表5－3はこの開示結果をまとめたものである。まずサンタンデールの場合，自己資本（Tier1）560億ユーロに対し，スペイン国債を506億ユーロ（うち408億ユーロが銀行勘定として満期保有）保有している。このほか，ポルトガル国債を51億ユーロ（同じく36.6億ユーロが満期保有），フランス国債を18.3億ユーロ（同じく10.8億ユーロ），イタリア国債を11.8億ユーロ保有している。同行はこのほかも含め，国債総額を666億ユーロ保有しており，これは自己資本を上回る金額である。（BIS・Tier1とは中核的自己資本のことであり，普通株や利益の内部留保等から成る。しかし優先株等が含まれており，優先株等を含まないコアTier1よりは広い概念である。）したがって，国債のデフォルト（元利支払不能）が発生し，国債の債務不履行，もしくは価格下落が発生した場合，自己資本で損失を埋めることが難しい状態にある。またEUのストレステストでは，銀行勘定の満期保有分について（図表5－3のカッコ内数値。満期保有とは債券の満期償還まで保有することであり，債券は満期に元本で償還されるため，価格変動を反映しない会計処理が認められている。また満期保有分は銀行勘定とも呼ばれる。）は，リスクゼロとして評価したため，テストとして甘い，という批判がなされた。

　2011年8月に，2011年上半期決算が発表されたが，サンタンデールの場合，2010年上半期に純営業所得（Net Operating Income）は120.6億ユーロであったが，2011年上半期には124億ユーロとわずかながらも増加した。ただし，全体（中南米も含む）の不良債権比率は2010年6月末に3.37％であったが，2011年6月末には3.78％へ上昇した。またスペイン国内の不動産関係不良債権比率は，2010年年末の17％から21.3％へ上昇した。

　次にBBVAについても自己資本273億ユーロに対し，スペイン国債だけで521

億ユーロ保有しており，このほかポルトガル国債6.5億ユーロ，フランス国債22億ユーロ，イタリア国債62億ユーロなど合計で648億ユーロの国債を保有している。自己資本273億ユーロを大幅に超える国債保有であり，リスクはサンタンデールよりも高いことになる。

次に，「カハ（Caja）」という金融機関名があるが，これは，スペインにおける地域的な相互貯蓄銀行である。日本での第二地方銀行や信用金庫のイメージに近い。しかしスペインでは，銀行業におけるカハの地位は高く，サンタンデールとBBVAに次いで，第3位にカハ・マドリード，第4位にカハ・バルセロナが入る（図表5－3参照）。スペインには45のカハが存在したが，カハはスペイン銀行業の全資産の50％を占めている。しかしカハの貸出は不動産・建設業向けが中心であり，その多くは不良債権化している。09年から10年にかけて，2つのカハが国有化（中央銀行が買収）された。[20]しかし図表5－3によると，カハ・マドリードによりスペイン国債242億ユーロ，カハ・バルセロナにより同じく201億ユーロ等が保有されている。

ポルトガルの銀行を見ると，首位のBCP・ミレニアムグループによる国債保有は大きくないが，2位のCaixa Geral de Depositosによるポルトガル国債保有額は68億ユーロ，フランス国債は11億ユーロであり，これらだけでも自己資本額60億ユーロを超過している。第4位のBanco BPIによるポルトガル国債保有額は42億ユーロ，イタリア国債は11億ユーロであり，やはり自己資本額22億ユーロを超過している。ポルトガル国債の価格動向によっては，銀行経営に影響する可能性が否定できない。

ギリシャ，ポルトガル，アイルランドの国債は外国人（非居住者）の保有比率が高い（2010年現在）。またポルトガルの場合，スペインの銀行による保有比率が高い，と言われている。4カ国（ギリシャ，アイルランド，スペイン，ポルトガル）が，海外（銀行の国籍による）から借り入れている。借入先の国籍別内訳をBIS統計から見てみる。

ポルトガルの場合，スペインへの債務額が783億ドルと最も高い。ついでフランスが419億ドル，ドイツが372億ドルとなっている。このほか，アイルラン

第5章 スペイン，アイルランド，ポルトガルの財政危機とユーロ不安

図表5－3 周辺国銀行の国債保有

(100万ユーロ, %)

国籍		銀行名	BIS・Tier1資本	Tier1比率	スペイン国債	ポルトガル国債	アイルランド国債	フランス国債	イタリア国債
スペイン	1	Santander	56,005	10	50,642 (40,787)	5,118 (3,658)	16	1,826 (1,081)	1,184
	2	BBVA	27,255	9.4	52,131 (43,566)	646 (643)	16 (15)	2,191 (2,175)	6,230 (4,965)
	3	Caja Madrid	19,244	8.6	24,225 (23,879)			1,831 (1,805)	
	4	Caja Barcelona	16,800	10.3	20,086 (18,093)			22	3,060 (49)
	5	Banco Popular Espanol	8,457	9.1	7,574 (7,558)	657 (657)			209 (209)
アイルランド	1	Bank of Ireland	9,575	9.2			1,186 (1,186)	49 (21)	30 (30)
	2	Allied Irish Banks	8,542	7	391 (391)	257 (257)	4,136 (4,136)	845 (845)	671 (671)
ポルトガル	1	BCP	6,102	9.3		953 (596)	200 (200)		50 (50)
	2	Caixa Geral de Depositos	5,983	8.4	330 (173)	6,765 (5,862)	231 (156)	1,068 (1)	
	3	Banco Espirito Santo	5,199	7.7	15 (9)	1,766 (521)			
	4	Banco BPI	2,210	8.5		4,223 (4,214)	408 (403)		1,129 (1,127)

(出所) Banco de Portugal, Banco de Espana各ホームページ。アイルランドは個別行ホームページ。
(注) 2010年のストレステストによる。空欄は保有なし。

ド向け債権では，ドイツが1,386億ドル，イギリスが1,485億ドルと大きい。ついでスペイン向けでは，フランスが1,624億ドル，ドイツが1,816億ドル，イギリスが1,108億ドルと巨額に達している。[21] ポルトガルはスペインに債務を負っているが，そのスペインは独仏英といったEUの基軸国に債務を負っている。結局，EUでは債権・債務関係が密接に相互依存しており，いずれの国で国債の元利払いが遅延しても，ユーロ圏やEUの金融システム全体を震撼させる可能性がある。

2011年上半期決算で，欧州主要行は相次いで，ギリシャ国債の評価損を計上した。RBS（英，ロイヤル・バンク・オブ・スコットランド）はギリシャ国債引当金として，7.3億ユーロを計上した。ソシエテ・ジェネラル（仏）はギリシャ国債評価損として約4億ユーロを計上，またパリバ（仏）もギリシャ国債に関わる引当金として5.3億ユーロを計上した。パリバ決算資料によると，ギリシャ支援では，2020年末までに満期償還となるギリシャ国債の民間保有者は，元本の21％を失う，と言う（これはIMF・EUのギリシャ救済スキームで民間の自発的負担が当初21％と想定されていたことに対応）。パリバはこうしたギリシャ国債を23億ユーロ保有しており，その21％に該当する5.3億ユーロ（保険を含む）を引当金として計上した。2011年11月現在，この民間の負担率は50％に引き上げられる方向で議論されている。ギリシャ問題が仏英の銀行に影響を顕在化させてきた。

8　トルコのEU加盟問題と財政赤字

　トルコとEUは長い歴史を有しており，トルコが加盟を表明した時期は，EEC（欧州経済共同体）時代の1987年であった。もともと第一次大戦で，ドイツ側で参戦し，敗戦国となっており，ドイツとの政治経済関係は密接である。今日でも，トルコからドイツに大量の移民が送り出されており，ドイツでの労働力をトルコは供給してきた。

　トルコは1999年12月にEUによって加盟候補国と認定された。そして2005年10月に，加入交渉が開始され，2008年には加入へのパートナーシップが締結されている。加盟交渉に先立ち，1995年にはEUとトルコは関税同盟を形成し，現在トルコの貿易の50％以上はEUとの貿易である。EUからトルコへの直接投資額は110億ドル（2008年）まで増加していたが，2008年から金融危機の影響で低下し，2010年には49億ドルまで低下した。[22]

　トルコの名目GDPは9,540億トルコリラ（2009年）あり，1人当たりGDPでも10,079ドル（2010年）で，先進国に近い水準にあると言える。名目GDP成長率

第5章　スペイン，アイルランド，ポルトガルの財政危機とユーロ不安

も2005年に8.7％，2006年に6.8％と高水準で，新興経済成長国として注目されてきた。[23]

　財政に関わる指標としては，財政赤字の対GDP比率が2005年に－0.7％，2006年に－0.2％であったが，金融危機を経て2009年には－5.8％と悪化した。なお，2010年の財政赤字対GDP比率は3.6％と見られ，EU基準3％に接近した。

　トルコの名目長期金利は2001年時点で約50％といった水準にあった。これは，ハンガリー，ポーランドやチリ，メキシコなど他の新興経済成長国（いずれも2001年時点での名目長期金利は10％未満）と比較しても，ずば抜けて高い水準にあった。しかし，1989年に資本収支を自由化し（証券投資等の自由化），また2001年に完全な変動相場制に移行し，外資が流入することで，トルコの名目長期金利は急速に低下し，2009年には約8％といった水準まで低下した。こうした名目長期金利の低下により，財政の利払い負担が軽減されたことは否定できない。しかし，国債利払い費減少に伴う「財政余剰」は健康保険関係で枯渇した。[24]

　2011年現在，トルコの経済は金融危機から脱し，高い経済成長が復活した。2011年第一四半期の実質GDP成長率は11％となり，中国の9.7％を抜き，世界一となった。2009年の第四四半期から六期連続のプラス成長となった。財政収支も改善し，2010年の財政赤字は対GDP比で3.6％となり，経済面からはトルコのEU加盟は可能に見える。しかし，①EU加盟は加盟国が全会一致でなければ，認可されない。2011年現在，仏とオーストリアが反対している。両国はトルコ加盟を国民投票にかける，としており，投票すれば否決される可能性が高い。これはトルコがイスラム教の影響が強いこと，移民増加が懸念される，等のためであろう。②トルコは人口が約7350万人であり，ドイツを抜きそうである。毎年，トルコでは100万人程度人口が増加している。EU議会は加盟国の人口に比例して，議席数を決めており，加盟が実現すれば，EU議会にドイツ以上の議席をトルコが有することとなる。これは政治的抵抗を招くだろう。③トルコはクルド人問題，キプロス問題を抱えている。トルコ東部（イラン，イ

121

ラクに近い地域）に居住するクルド人は民族意識が強く，独立志向が強い。しかし，トルコ政府は自治や独立を牽制しており，これがクルド人の人権を侵害している，とEUから見なされている。またキプロス問題として，キプロス島をめぐり1974年にギリシャとトルコが戦争状態となり，1983年に，キプロスが南キプロス（キプロス共和国，EUならびにユーロ加盟国）と北キプロス（北キプロス・トルコ共和国，トルコ以外の国際社会は認めていない）に分断されたことがある。現在でも，キプロス島の南北境界にはPKO（国連平和維持軍）が駐留している。こうした結果，EUとしては，トルコがEU加盟の理念である，「自由な移動」を満たしていない，としている。[25]

以上の背景から，当面，トルコのEU加盟は難しいと思われる。しかし，トルコはすでにEUと関税同盟を結んでおり，経済的にはEUから利益を享受しており，現状でも大きな不満はないようである。

9 まとめに代えて

すでに指摘したように，2011年においてスペイン，ポルトガル，アイルランド，ギリシャなどの政府資金調達額は，いずれの国でもGDP比20％前後に達する。財政赤字が莫大であるうえ，さらに満期国債の償還財源が加わるためである。このため，2011年以降も，財政収支への懸念から，ユーロ不安および危機が再燃する可能性は十分ある，と見なければならない。EUでは，債権・債務関係が入り組んでおり，一国の財政逼迫は，即ユーロ圏全体の信用不安へと直結するからである。またトルコのEU加盟は，経済面からは可能であるが，政治・文化面が問題となろう。

第5章 スペイン,アイルランド,ポルトガルの財政危機とユーロ不安

(注)
1) 代田 純,「世界金融危機の構図〜欧州系銀行の関与を中心に〜」,中央大学『経済学論纂』,第50巻第3・4号合併号,2010年3月。
2) 同,「金融危機以降の欧州系銀行と不良債権〜欧州系銀行の貸出と中東欧問題〜」,『証券経済研究』,第70号,2010年6月。
3) 同,「ギリシャの財政危機と銀行の国債保有」,『証券経済研究』,第72号,2010年12月。
4) 注3)に同じ。
5) Eurostat, *Europe in Figure, Eurostat yearbook 2010*, p97.
6) 『日本経済新聞』2008年12月16日付,2009年2月13日付。
7) 同,2009年4月8日付。
8) 同,2010年10月1日付。
9) European Commission, *VAT Rates Applied in the Member States of the European Union*, July 1 2010
10) Ireland Revenue Commissioners, *Statistical Report 2009*
11) Ireland Revenue Commissioners, *Statistical Report 2009*
12) IMF, *IMF Country Report No.10/209, Ireland*, July 2010, p7
13) IMF, *IMF Country Report No.10/254, Spain*, July 2010, p19
14) IMF, *IMF Country Report No.10/18, Portugal*, January 2010, p32
15) *The Economist*, November 27, 2010, p30
16) *The Economist*, November 20, 2010, p79
17) Central Bank of Ireland, *Quarterly Bulletin*, October 2010, p52
18) *The Banker*, July 2010, p137
19) *International Herald Tribune*, October 1, 2010
20) *The Banker*, July 2010, pp76〜78
21) Central Bank of Ireland, *Quarterly Bulletin*, October 2010, pp36〜37
22) European Commission, *Enlargement Candidate Countries Turkey, EU-Turkey Relations*, http://ec.europa.EU
23) OECD, *Economic Surveys*, Turkey, September 2010, p21
24) OECD, *Economic Surveys*, Turkey, September 2010, p57
25) European Commission to the Council and the European Parliament, *Enlargement Strategy and Main Challenges 2010-2011*

第6章

ユーロ不安と欧州系銀行の資金調達リスク

1 はじめに

　ユーロに参加する，ギリシャ，アイルランド，ポルトガルでは，ユーロに関わる財政金融政策によって，2010年以降，国民から批判が強まり，政権が交代している。

　ユーロ不安および危機の背景としては，発足当初から加盟国間で経済格差が大きかったこと，ユーロ参加国の拡大ペースが早かったこと，EU共通財政が制約されており，南欧への配分額が抑制されていること等を指摘できる。しかし本章が最も重視する要因は，財政収支の逼迫により国債のデフォルト（債務不履行であるが，債務再編を含む）リスクが高まり，さらに国債の主要な保有者としての欧州系銀行が，資金調達面でホールセール市場に依存する点である。

　欧州系銀行の資産構成において，公債（国債を含む）は約5％程度の比率であり，さほど高いとは言い難い。しかし，ギリシャなどの国債保有構造においては，国内外の銀行による保有比率が高い。欧州系銀行の資金調達において，預金は50％程度で日米に比較して低く，他方でインターバンク市場など短期金融市場やカバードボンドなど債券市場への依存が高い。国債利回りの上昇は，銀行のホールセール市場でのコスト上昇に伝播していると見られる。国債デフォルト危機と銀行の資金調達（funding）リスクは，相互に影響しつつ，現在のユーロ不安をもたらしている。

2 最適通貨圏の条件と現状

　ユーロ不安に関する通説は，ユーロ圏諸国間での競争力格差（ドイツ等の経常黒字国と周辺国等の経常赤字国）の反映，といったものである。[1] 本章は，こうした理解を否定するものではないが，ユーロ不安の背景として，銀行業を中心とする金融システムとソブリン・リスク（国債に関わるリスク）の相互依存関係を重視するものである。

　第4章でも触れたが，ユーロ導入に先立ち，マンデルらによって提唱された，最適通貨圏の条件から見て，ユーロ圏にはかなりの格差がある。[2] 2011年3月現在，失業率はユーロ圏平均で9.9％，最高のスペインでは20.7％（前年3月19.6％），最低のオランダでは4.2％（同4.5％）と大きな格差がある。[3] 同じく，インフレ率（年率換算，3月現在）は最高のエストニアで5.1％（前年3月1.4％），最低のアイルランドでは1.2％（同-2.4％）と格差がある。同月に，物価はユーロ圏平均で2.7％（同1.6％）上昇し，ECBは利上げを実施した。灯油，輸送用燃料など原油関連で上昇したことが背景として指摘されている。[4] 労働コスト上昇率（前年四半期比，時間当たり）は2010年第四四半期に，最高のポルトガルで4.2％，最低のギリシャで-6.5％となった。ポルトガルのインフレ率は3.9％であり，労働コスト上昇率が上回る。[5]

　こうした現状からすれば，最適通貨圏の条件は，ユーロのサステナビリティー（持続可能性）を支持するよりも，むしろ懐疑的な見通しをもたらす。以下では，ユーロ不安の背景として，各国財政の危機と国債のリスク，国債の保有主体としての銀行を取り巻く環境を中心に検討する。

3 ユーロ不安の背景

　まず，ユーロ不安（局面的には危機）という定義について述べておく。単にユーロの為替レートが低下するだけではなく，①ギリシャを中心に周辺国のユーロ離脱が論じられること，②ユーロに関わる財政金融政策が背景となり，

第6章　ユーロ不安と欧州系銀行の資金調達リスク

アイルランドやポルトガルで政権党が選挙で敗北し，政権交代が起こり，政治的危機および財政危機となっていること，③EFSF（欧州金融安定化基金）の規模拡充や，ECB（欧州中央銀行）の買い切りオペ実施にもかかわらず，ユーロ不安に歯止めがかからないこと。こうした展開は，ユーロ不安および危機と呼ぶに値しよう。2012年1月現在，1ユーロ＝100円を割り込み，ユーロは危機的状況にある。以下では，ユーロ不安と危機に至る要因について，指摘していく。

（1）　ユーロ加盟国の経済格差

2008年現在，ルクセンブルクでは，1人当たりGDPが80,500ユーロであったが，ギリシャでは19,200ユーロで，4倍以上の格差があった。また2011年にユーロに参加した，エストニアでは12,000ユーロであり，7倍の格差があった。すでに指摘したように，失業率，インフレ率も同様に格差がある。本来，こうした格差があれば，共通の単一通貨（単一の金融政策）は困難であろう。また第1章で検討したように，ユーロ圏内では価格差が大きく，高価格国ではデフレ（低インフレ）圧力，低価格国ではインフレ圧力が強く，加盟国間でインフレ率格差が生まれている。スペインなど周辺国（スペイン，ポルトガル，アイルランド，ギリシャ，以下同じ）でのインフレ率は1999年に2％台であり，2002年には3.6〜4.7％であったから，2002年時点での実質金利はマイナスに近い状態であった。こうした実質金利の低下は，国債利払い費の軽減を周辺国財政にもたらし，国債依存により政府歳出を膨張させることを可能にしてしまった。

（2）　ユーロ圏拡大のペース

ユーロは2002年，12カ国で一般での流通が開始された。2007〜2011年も5年間で，5カ国が加入した。スロベニア，キプロス，マルタ，スロバキア，エストニアの5カ国であるが，ユーロ圏平均以下の1人当たりGDPを持つ国ばかりである。ユーロ圏拡大は，市場経済化とグローバル化のなかで加速した側面もあろう。為替相場がグローバルな変動や投機にさらされる時，弱小通貨は

維持困難だからである。しかし，拡大によってユーロ圏内での格差拡大は否定できない。またユーロ圏の拡大（およびEUの拡大）による規制緩和と政策金利の低下を背景に，欧州系銀行が与信を増加させた。EUでは銀行免許が単一免許制となっており，EUに新規加盟国があれば，新規加盟国で欧州系銀行は許認可の必要がなく，支店での営業が可能である。またユーロに新規参加国があれば，欧州系銀行は為替リスクなく，営業ができる。このため，EUやユーロへの加盟（参加）国増加が，銀行の貸出増加を促したことは否定できないであろう。

(3) 銀行の資金調達とホールセール依存

　ユーロ圏銀行の資産構成を見ると，2010年末現在，総資産（銀行間与信をネットで差し引かず，総合計）32兆2,036億ユーロ，うち貸出（居住者向け）が17.8兆ユーロである。預金・貸出比率では107.6％であり，邦銀より預貸比率が高い。これは貸出が増加したことに加え，資金調達面で預金の比率が低く，ホールセール市場（カバードボンドなど債券，インターバンク市場，レポ市場等）の比率が高いためである。

　図表6－1が示すように，ユーロ圏銀行による公債（一般政府，居住者）保有額は1兆4,357億ユーロ（2011年6月末現在，速報ベース）であり，ユーロ圏銀行総資産（Aggregated balance sheets，総資産は銀行間信用を控除しないもの）の4.5％程度である。この公債が総資産において占める比率は高いとは言い難い。しかし，国債を中心とする公債を保有することで，国債のデフォルト懸念（または債務再編懸念）から銀行のホールセールでの資金調達コストが上昇するため，銀行にとっての国債保有リスクは広範な意味を持っている。また銀行による公債保有額の増減率は，2004年から2005年にかけて，4.6％，10％と高い伸び率であった。他方，2006～2007年にマイナスであったが，2008年に4.2％増となり，2009年には19.6％増と極めて高い伸びとなった。パリバ・ショックやリーマン・ショックなど金融危機を経て，公債保有額は増加してきた。

　債券（公債，その他債券）全体の保有額は5兆6,642億ユーロ（2011年6月末現

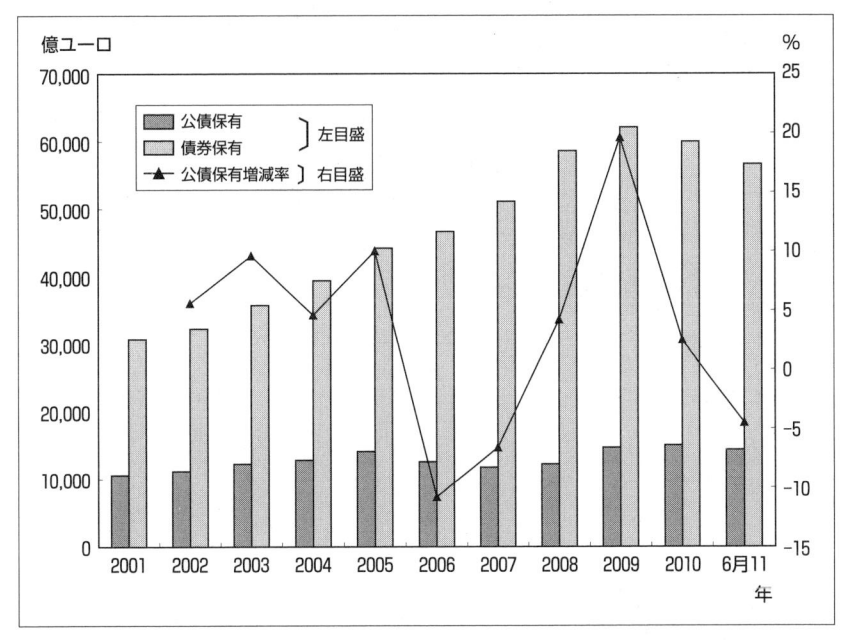

第6章　ユーロ不安と欧州系銀行の資金調達リスク

図表6－1　ユーロ圏銀行の公債保有

凡例：
- 公債保有 ］左目盛
- 債券保有
- 公債保有増減率 ］右目盛

（出所）ECB, *Monthly Report* から作成。

在，速報ベース）であり，預金・証券（株式含む）比率は35.8％に達する。預金が資金調達の50％程度であり，債券発行の比重が高く，分母（預金）が小さいこともある。2010年に公債保有額は1.5兆ユーロに対し，その他債券は3.4兆ユーロと大きい。その他債券は，多くが証券化商品と見られる。減少傾向にあるが，ドイツの銀行の場合，証券化商品の保有額は2010年6月末で，2,000億ユーロを超えている。その多くは，住宅ローン担保証券（RMBS）や商業用不動産担保証券（CMBS）である。[6]

またユーロ圏銀行の場合，貸出残高も大きい。2010年末現在，居住者向けだけで，貸出残高は17.8兆ユーロ（Aggregated balance sheet）あったが，2011年6月末でも17.9兆ユーロに増加した。部門別貸出残高としては，家計（住宅ローン）が中心で，非金融法人が続く。非居住者向けも増加し，部門別貸出伸び率

を見ると，2004〜2005年にかけ，非居住者向けは25％を超える高い伸び率となった。同時に，2008年以降，非居住者向けは不良債権発生の背景ともなった。中東欧やスペインなど周辺国で深刻化している。[7]

ユーロ圏銀行は，資金調達面では，預金の比重が低く，ホールセール市場が多い。このため，カバードボンド市場など銀行の資金調達コストが国債（ソブリン）リスクに影響され上昇し流動性リスクが顕在化しやすい。

（4） 共通財政の制約と南欧

EU共通財政は，EU加盟国のGDP比1％強に制約されている（第2章参照）。共通財政の拡大には，EU加盟国，特に所得水準が平均より高く，共通財政にネットで拠出している諸国が，反対している。自国の財政負担が増加するためである。

すでに述べたように，ユーロ圏内の所得格差は大きい。所得再分配機能は財政の重要な役割だが，限定されている。共通財政の財源は，農産物輸入課徴金，関税，各国付加価値税1％，GNI（総国民所得）比例負担となっている。他方，共通財政の支出は，農業補助金，構造基金，格差是正基金等となっている。歴史的には農業補助金の比重が高かったが，ドロール・パッケージ以降，構造基金や格差是正基金の比重が高まり，農業補助金は抑制されている。歴史的には，農業補助金はフランスやデンマークなど，農業国だが所得水準の高い国向けに支出されてきた。[8]

2001年には，ギリシャなど周辺国合計で151億ユーロの純受取であった。しかし，2006〜2008年に中東欧諸国がEU加盟後，周辺国の純受取は約122億ユーロに減少した。また2008年でも約124億ユーロにとどまった。特にスペインが大幅に削減され，2001年の76億ユーロから，2008年には28億ユーロへ減少した。他方，中東欧諸国では113億ユーロの純受取となった。

ギリシャの2009年歳入（国家財政）合計は約900億ユーロであり，周辺国からすると，EU財政の再分配は軽視できない。中東欧の加盟により，EU共通財政からの周辺国の純受取が減少したことも，南欧の周辺国経済が低迷した一因と

見られる。

4 2010年以降のユーロ不安

(1) 財政赤字の拡大と国債利回り上昇

　2011年9月現在,ギリシャ,アイルランド,ポルトガルに対するIMFとEUによる共同緊急融資にかかわらず,依然としてユーロに懸念が続いている。元来,ユーロ不安の端緒は,ギリシャの国債借換リスク(国債の借換が不安視)であった。

　ユーロ圏諸国の財政赤字によると,ギリシャの財政赤字対GDP比は,2008年に−9.4％,2009年に−15.4％(政権交代後の上方修正,2010年現在)とされていた。また2010年現在では2010年の予想は−8.3％であった。ギリシャの場合は,放漫財政による財政破綻とされる。しかし2011年に入り,EU統計局発表によると,2008年の財政赤字は−9.8％,2010年−10.5％と一層厳しい数値に修正された。[9]

　アイルランドでは同じく,2006年には2.9％(財政黒字)であったが,2009年には−14.4％と急激に悪化し,2010年には予想で−32.3％であった。スペインと同様,銀行破綻で公的資金を注入し,財政赤字が拡大したとされる。しかしEU発表によると,2010年実績では−32.4％となった。アイルランドでは2011年2月の総選挙で,前首相ブライアン・コーヘンが率いる共和党(Fianna Fail)は77議席を20議席まで減らす惨敗となった。同党とカトリック教会はアイルランドの伝統的な秩序の主柱と言われたが,IMF支援に関わって有権者の不満が反映した。[10] 統一アイルランド党(Fine Gael)が51議席を76議席まで伸ばし,エンダ・ケニーが新首相となった。しかし,新政権も法人税率引上げを拒否している。[11]

　ポルトガルは2009年の財政赤字−9.3％,2010年予想で−7.3％とされていた。しかし2011年EU発表で,2009年は−10.1％に修正され,2010年実績は−

9.1％となった。ソクラテス前首相は2011年3月24日，緊縮財政案を議会に提案したが，野党（中道右派）の反対で否決された。このため同首相は辞任（6月5日の総選挙までは暫定首相）し，4月に入り，EU/IMFの緊急融資を要請した。4月上旬には長期国債利回りが8.83％まで上昇した。[12] 6月の総選挙で中道右派，社会民主党が圧勝し，コエリョ新首相となった。

スペインの財政赤字は同じく2009年－11.1％，2010年予想－9.2％であり，EU発表の実績も同じであった。スペインの前首相ザパテーロ（11年11月より，中道右派ラホイ首相）は2011年同値を－6％まで低下させると約束した。しかしスペインでは地方分権により，地方政府の権限が強く，公共支出の37％が地方政府による。このため財政赤字－6％への引下げは困難と言われている。スペインでは年金支給開始年齢を65歳から67歳に引き上げる（政府と労組で合意）など，財政赤字削減へ努力されている。[13] 他方，スペインの中央政府の公共支出全体に占める比率は50％程度で，ＥＵでは最低のグループになる。[14]

2010年以降，ユーロ圏の国債売りが加速し，長期金利が上昇した。ギリシャ国債利回りは，2010年12月に12.01％まで上昇し，2011年4月には15％台，同年9月には20％台まで達した。また2年債利回りは24％（4月）となった。アイルランドでも2010年11月に9.25％まで上昇し，2011年4月に10％台へ達した。ポルトガルでは2011年1月に長期国債利回りは6.94％へ上昇し，4月には8.9％へ達した。5年債利回りは10％台となった。[15] 周辺国の国債利回りは，ユーロ発足後最高を更新し続け（2011年9月現在），かつ長短逆転も発生している。

他方，ドイツ，オランダ等の勝ち組（貿易黒字国）では長期金利が低下し，二極分化が進んでいる。金融危機（2007～2008年のパリバ・ショックとリーマン・ショック）以降二極分化が進行した（質への逃避）。しかし周辺国など金利上昇国では利払い費が増加し，発行国債が短期化し，国債借換問題が恒常化している。財政の資金不足問題が継続している。

（2） EU・ECBの対応

　2011年10月現在のEUの緊急金融対応スキームはESAと呼ばれる。ESA（European Stability Action）はESM（European Stability Mechanism），IMFの支援，ECBの支援という3つの構成要因からなる。さらにESMは欧州金融安定化メカニズム（EFSM）と欧州金融安定ファシリティー（EFSF）からなる。

　EFSMはEUによる支援で，600億ユーロが上限である。2010年5月に，EU理事会がリスボン条約122条にもとづき，制御不能な事態に直面しているEMU加盟国へ支援することとなった。EFSMにおいては，EUが債券を発行し，EU27カ国の保証により，EUが直接的債務者となる。[16] 支援国がデフォルトした場合，債務はEU予算から返済される。EFSMはEU加盟国全体による支援スキームであり，イギリスなどユーロ未参加国も含むため，支援総額上限が600億ユーロと制約されることもやむをえない。アイルランド支援のEU負担450億ユーロのうち，225億ユーロをEFSMが担っている。アイルランド国債利回りは9％台（2011年現在）だが，EU債の発行利率は2.59％である。EFSMの貸付金利（アイルランド向けで5.51％）とEU債発行利率との間で利鞘が発生し，EU予算に組み入れられている。

　他方，EFSF（European Financial Stability Facility，欧州金融安定化基金）は2010年6月にユーロ導入国で合意し設立された。当初，支援総額は4,400億ユーロまで可能で，実質は2,550億ユーロが上限であった。しかし2011年10月現在，EFSFの支援総額は7,800億ユーロ，実質で4,400億ユーロまで引き上げられた。EFSFはルクセンブルク法上の企業であり，債券発行と貸出（国債オペも追加）が可能だが，企業として自己資本を積まなければならないため，支援総額と実質支援額には差が発生する。EFSFからの支援は，従来，貸付であり，貸付金利はアイルランド向けで5.51％と言われる。

　EFSFによる債券発行期限が2013年6月となっており，EFSFは実質的に2013年までの存続となる。リスボン条約はユーロ導入国の救済を禁じており，2013年までにリスボン条約を改正し，現行のESMとEFSFをもとにして，「欧州版IMF」（新ESMまたは新EFSF）が設立されると言われる。欧州版IMFでは

民間投資家の負担、国債等の償還期限延長、金利減免、元本削減等の債務再編が議論される予定である。2011年現在のEFSFには、エストニアを除く16カ国が保証しており、各国は無条件で撤回不可能な追加保証を義務としている。EFSFは2011年に170億ユーロの債券発行を予定するが、アイルランドへのEU支援450億ユーロのうち177億ユーロを担っている。アイルランド向けの資金調達のため、EFSF債は2011年1月に50億ユーロ発行され、5年物で発行利回りは2.89％となった。また6月にも、ポルトガル向けの資金調達のため、EFSF債は10年債（50億ユーロ、利回り3.49％）と5年債（30億ユーロ、利回り2.825％）として発行された。日本政府も欧州支援として購入を表明した。

　EFSFにはユーロ圏の各国がEFSF債を保証することで出資しているが、当初はユーロ加盟国により保証契約され、総額4,400億ユーロであった。しかし上記のように、自己資本（支払準備）を積まねばならないこと、EFSFの格付けが条件付きでトリプルAとなったこと、等のために2,550億ユーロが融資上限であった。その出資比率は調整分担率とも呼ばれる。

　EFSFの調整分担率はドイツ28.4％、フランス21.3％、イタリア18.7％、スペイン12.4％が中心であり、アイルランド、ギリシャ、エストニア、ユーロ非参加のEU諸国はゼロとなっている。欧州中央銀行（ECB）への出資比率を見ると、ドイツは26.5％、フランス19.9％、イタリア17.5％であり、ドイツ等ではEFSFへの出資比率がECBへの出資比率を上回っている。これはECBにはアイルランド、ギリシャのほか、イギリスなどのユーロ非参加のEU諸国も出資していることもある。こうしたことから、ドイツ国内などにはEFSFなどによる周辺国への支援には批判的な声も多い。しかし逆に、EFSFは独仏による純粋な周辺国への援助ではなく、周辺国への過剰な融資と不良債権を抱えた独仏系銀行への支援、といった見方もある。[17] EFSFは2011年6月現在、貸付を実施しているだけであり、周辺国の国債買い上げ等は実施していない。[18] なお、アイルランド向けにはEFSMとEFSFが活用されたが、ギリシャ向け支援は別枠であり、1,100億ユーロをEUが800億ユーロ、IMFが300億ユーロ負担している。

第6章　ユーロ不安と欧州系銀行の資金調達リスク

　ESAの重要なもうひとつの柱はECBによる支援であった。ECBの資金供給と国債など債券保有について見ておく。ECBの資金供給は，従来レポオペによる貸出であったが，2009年6月からカバードボンド買い取りプログラムが，2010年5月から証券市場プログラム（買い切りオペ）が開始された。カバードボンド買い取りプログラムについては，上限額600億ユーロに達したため，2010年6月を持って新規購入は停止された（満期まで保有）。証券市場プログラムによる買い切りオペについては，ユーロ不安と周辺国の財政危機（スペイ

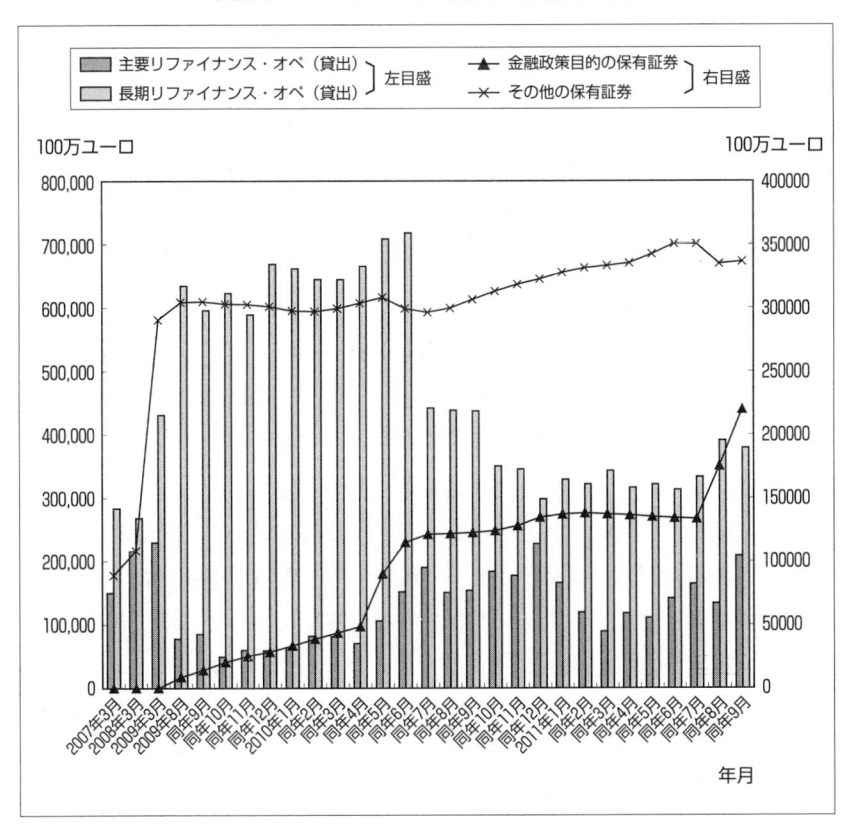

図表6-2　ECBのオペ残高と保有証券残高

（出所）ECB, *Monthly Report* から作成

ン，イタリア国債の買い切りオペ開始）によって，2011年8月に急増した。図表6－2がECBのレポオペ残高，証券保有額を示している。ECBのレポオペは，主要レポオペと長期レポオペからなる。主要レポオペは，主要リファイナンス・オペ（2週間）である。

　主要レポオペの残高は2010年4月約700億ユーロ，7月約1,900億ユーロ，12月約2,280億ユーロと，2010年に急速に増加した。2010年11～12月に実施された，アイルランド緊急支援の反映で，短期の資金供給が増加したと見られる。2011年においても，3月には894億ユーロであったが，9月には2,083億ユーロに増加した。さらに12月には2,655億ユーロに達した。

　長期レポオペは，長期リファイナンス・オペ（3カ月）である。長期レポオペ残高は2010年6月に約7,183億ユーロであったが，7月から減少し，2011年4月には3,163億ユーロとなった。一見すると減少しているが，ECBは2009年6月に期間1年という異例の資金供給を4,420億ユーロ実施しており，これが借り換えられたものと推定される。[19] 借換の結果として，短期の主要レポオペが増した。長期レポオペ残高の2010年6月までの増加は，主として周辺国銀行向け貸出と言われている。

　ECBによる国別のレポオペ残高は各国中銀からのみ判明し，ECBからは不明である。ECBの長期レポオペは，インターバンク市場で調達できない（あるいはコストが高い），周辺国銀行が利用している。レポオペの国別残高は，2010年10月時点では，アイルランドが1,300億ユーロ（長短合計）と最高で，ポルトガル，ギリシャ，スペインが続いていた。[20] 長期レポオペは資金調達が困難となった金融機関に，長期かつ低利で融資する，救済色が強い資金供給である。2011年7月以降，ギリシャなどの財政危機を反映して，再びECBの長期レポオペは増加し，3,500億ユーロに達した。さらに2011年12月には，長期レポオペも3,925億ユーロに達した。第4章の図表4－5がギリシャ民間銀行のバランス・シートを示すが，資金調達において，ギリシャ銀行（中央銀行）からの信用供与が2011年6月まで急増している。ECBは各国中央銀行経由で，周辺国の民間銀行へ信用供与している。

第6章　ユーロ不安と欧州系銀行の資金調達リスク

　周辺国銀行の資金調達は短期化し，またコストが上昇している。英エコノミスト誌によると，独仏などの銀行の債務期間構造は2006年から2011年にかけて長期化しているが，周辺国では急速に短期化している。ギリシャの銀行では平均債務期間が約5年から約2年に短期化している。[21]

　資金調達構造がホールセール市場に依存する，欧州系銀行の場合，インターバンクなどホールセール市場での資金調達コスト上昇は，利鞘などで大きな影響を受ける。このためECBがレポオペによって，周辺国の銀行に信用供与している。なお，ECBもレポオペによる資金供給も，銀行のホールセール資金調達の重要な部分である。

　ECBはレポオペによる資金供給のほか，2009年6月からカバードボンドの買い取りオペを，2010年5月から国債の買い切りオペを開始した。両者の合計額はECBのバランス・シート上で「金融政策目的の保有証券」として表示されている。図表6－2から，金融政策目的の保有証券を見ると，2009年8月には88億ユーロであったが，同年12月には285億ユーロへ増加した。さらに2010年4月には485億ユーロへ増加した。5月にはカバードボンド買い取り上限額である600億ユーロに達したと見られる。さらに2010年5月から証券市場プログラムにより，長期国債買い切りオペが開始され，金融政策目的の保有証券は，5月に900億ユーロ，7月に1,215億ユーロ，2011年4月に1,365億ユーロと推移している。金融政策目的の保有証券残高は，開始前の2010年4月から12月にかけて，900億ユーロ程度増加して，その後2011年7月まで横ばいで推移していた。インフレファイターであるドイツの意向を反映し，国債買い切りオペにはブレーキがかかった可能性がある。

　しかし2011年8月から国債買い切りオペは急増し，2011年8月には買い切りオペが500億ユーロ近く実施されたと推定される。ギリシャ財政危機とイタリア，スペイン国債を含む，ユーロ圏国債の利回り上昇，さらにはユーロ圏銀行の資金調達問題への対応と見られる。2011年10月にはECBの「金融政策目的の保有証券」は2,327億ユーロまで増加した。しかし，一段の買い切りオペ増額にECBは慎重と見られる。ただし，2011年12月には「金融政策目的の保有

証券」は2,676億ユーロに増加しており，年末にかけ300億ユーロの買い切りオペが実施されたと見られる。

5 周辺国（Periphery）の国債と銀行業

（1） 国債の保有構造

　2011年現在のユーロ不安と危機は，周辺国国債のデフォルト（再編を含む）リスクと銀行業の資金調達リスク（ホールセール市場でのファンディングコスト上昇）が相互依存関係のなかで悪化していることに大きな要因がある。IMFのレポートは，「ソブリンから銀行への，銀行からソブリンへのスピルオーバー」と呼んでいる。[22] スピルオーバー（spillover）とは，もともとマスグレイブなど公共経済学の議論で，地方政府が公共支出を実施した場合，その公共支出の便益が当該の地方政府ではなく，隣接する地方政府に漏れてしまうことを指す。IMFの議論は，国債（ソブリン）のリスクと銀行のリスクが相互に伝播して悪化している事態を指すと見られる。

　周辺国の財政が悪化した契機のひとつは，リーマン・ショックにより国債利回りが上昇し，長期債の起債が困難となり，短期債の比率が高まったことである。しかも短期債の利回りも上昇し，2009年以降利払い費負担が増加したうえ，短期債ゆえ借換に迫られることとなった。本来，税収基盤が整備されていれば利払い費を吸収できるが，ギリシャやポルトガルなど南欧諸国では間接税の比重が高く，直接税は「シャドーエコノミー」と呼ばれる経済体質のもと，税収は貧弱である。[23] 他方で，年金や失業保険の制度は充実しており，進行する高齢化や上昇した失業率のため，社会保障関係の支出は急増した。こうした財政構造のなかで，国債の返済が困難となり，2011年6月現在，ギリシャ国債については元本削減（restructuring）や返済期限延長（reprofiling）が議論されている。[24] 2011年10月下旬には，ギリシャ国債の元本50％削減で，EUと国際金融協会（IIF）が合意した。ただし，個別銀行の対応は不透明である。

第6章　ユーロ不安と欧州系銀行の資金調達リスク

　問題は，この国債リスクが銀行など金融システムのリスクと密接に関連していることである。周辺国の長期国債利回りが上昇するなかで，銀行のカバードボンドの利回りも影響され，銀行の資金調達コストも上昇したことである。もちろん，銀行が周辺国国債を保有しており，国債の価格低下や国債の再編成により損失を被るリスクも懸念されている。

　周辺国国債の保有構造を見ておく。ポルトガル国債（一般政府債）の保有構造では，2005年に非居住者による保有比率は74.6％，2009年に74.9％とやはり非居住者が70％を超す。居住者のなかでは国内金融機関が2009年に164億ユーロと高い。[25] ただし，最新のIMFレポートによると，ポルトガル国債の保有構造において，「海外・非銀行」と「国内・銀行」のシェアが5～10％弱程度上昇したとされる。他方，「海外・銀行」は2010年に10％程度低下した。[26]

　国内銀行の保有シェア上昇には，最近の国債発行市場の動向も一因と見られる。周辺国では，公募入札による国債発行が困難になっているため，シンジケート団引受による発行が増加している。シ団は国内主要銀行等から構成され，シ団銀行は売れ残りが発生した場合，自行で保有せざるをえないからである。

　ポルトガルにおける国債の種類では，短期証券が2006年89億ユーロ（国債残高での構成比8.9％）から2009年に200億ユーロ（同16％）と倍増した。他方，中長期の債券は横ばいとなっている。こうした国債の満期構成短期化が借換問題の背景にある。

　2011年3月末現在，アイルランドの国債残高は1,232億ユーロであるが，このうちユーロ建ての長期国債が898億ユーロを占め，このユーロ建て長期国債について保有構造が公表されている。図表6－3が示すように，アイルランドの長期国債保有（ユーロ建て，以下省略）では，2009年9月に非居住者の保有比率が81.5％，2010年9月に84.1％であったが，2010年12月には82.3％へ低下し，2011年6月には82.7％となった。国債残高が増加するなかで，2010年9月まで非居住者の比率が上昇していたが，やや低下しつつある。居住者では金融機関・中央銀行等が127億ユーロ（2010年12月末）と高かった。

しかし同じくIMFの最新レポートによると,「海外・銀行」と「国内・非銀行」が合わせて15％程度シェアを低下させ,他方で「国内・銀行」が15％程度シェアを高めたとされる。

図表6－3 アイルランド長期国債の保有と満期構成

(単位：100万ユーロ)

		2009・9	2009・12	2010・3	2010・6	2010・9	2010・12	2011・3	2011・6
居住者		11,360	11,865	12,144	12,583	14,263	15,991	14,916	15,525
	中央銀行等	8,074	8,297	8,234	9,778	11,019	12,697	12,345	12,404
	一般政府	337	314	312	416	741	842	539	949
	金融仲介機関	2,623	2,921	3,352	2,135	2,216	2,169	1,781	1,912
	(保険・年金)	2,307	2,568	2,688	1,789	1,843	1,774	1,335	1,331
	非金融法人	199	128	38	32	38	31	32	31
	家計	127	205	208	222	249	252	219	228
非居住者		49,903	58,993	68,719	72,164	75,346	74,111	74,891	74,160
合計		61,263	70,858	80,863	84,747	89,609	90,102	89,807	89,685
残存期間構成	3年未満	10,258	11,062	10,841	16,012	16,002	16,409	16,215	16,044
	3年～5年	14,422	14,625	16,021	10,837	11,864	11,889	11,793	11,801
	5～10年	21,712	29,296	29,815	43,861	45,751	53,520	53,497	53,532
	10～15年	14,871	8,875	24,186	14,037	15,992	8,284	8,302	8,308
	15年以上	0	7000	－	－	－	－	－	－
合計		61,263	70,858	80,863	84,747	89,609	90,102	89,807	89,685

(出所) Central Bank of Ireland, *Quarterly Bulletin* から作成。

残存期間構成としては,「3年未満」,「5～10年」が2010年12月までに増加した。3年未満債については,2009年9月には102.6億ユーロ（国債残高での構成比16.7％）であったが,2010年12月には164億ユーロ（同18.2％）,2011年6月には160億ユーロ（同17.9％）に増加しており,やはりポルトガルと同様に相対的にも絶対的にも短期債が増加した。[27]

したがって,ポルトガルとアイルランドに共通する傾向として,非居住者の保有比率が高かったこと,居住者では金融機関（銀行）が高いこと,2010年以降最近1年間ほどで国内銀行の保有シェアが上昇したこと,短期債の比率が上昇,等を指摘できる。[28] 国内銀行による短期債保有が増加していると見られ

るが，銀行からすれば，短期国債は比較的金利リスクが小さいため，相対的には保有しやすい面もあると見られる。

　非居住者の国籍別内訳については，不明である。しかし，一定の推定は，BISによる銀行の貸出・借入統計（証券形態を除く）等から可能である。周辺国4カ国向け貸出を合計すると，独4,352億ドル，仏3,309億ドル，英3,414億ドルと中心になっている。[29] ギリシャ向けでは独仏中心，アイルランド向けでは英独中心，ポルトガル向けではスペイン・ドイツ中心であり，これに準じて海外で国債が保有されていると推定される。[30]

　最近，ドイツの銀行の対外貸出債権部門別内訳が連邦銀行ホームページに公表された。2011年1月現在，特徴としては，アイルランド向け債権は858億ユーロで対企業向けが中心，スペイン向け債権は1,331億ユーロで対企業，銀行が中心である。周辺国向け貸出でドイツは大きな残高を抱えており，周辺国向け貸出の動向とドイツの金融，ひいてはユーロ圏に大きな影響を与えよう。ただし，上記のBISによる貸出残高（2010年9月現在）から縮小しており，ドイツの銀行が貸出を回収している可能性がある。

　2011年7月15日に発表されたEBA（欧州銀行監督機構）によるストレステスト・レポートによると，ギリシャ国債の保有構成において，ギリシャ国内分が67％と大幅に上昇した。また，アイルランドでも61％，ポルトガルでも63％が国内保有とされている。2010年以降，海外勢が大幅に売却した可能性がある。[31]

（2）主要国銀行の国債保有

以下での国債保有額は2010年ストレステストにもとづく。

① 英系銀行

　イギリスの銀行は，アイルランド向け与信が大きい。貸出先は個人の住宅関係等が中心と見られる。他方，アイルランド国債の保有は，ロイヤル・バンク・オブ・スコットランド（RBS）で40億ポンド弱，香港上海銀行（HSBC）で8億ドル，さほど大きいわけではない。アイルランド国債の非居住者保有額

（2010年9月）は753億ユーロであったから，英系銀行のアイルランド国債保有は10％未満となる。むしろ英系主要行は，独仏英など主要国国債の保有額が中心であり，ドイツ国債については，RBSが208億ポンド，バークレイズが155億ポンド，HSBCが167億ドル，ロイズTSBが14億ポンド保有していた。[32]

② 独仏の銀行

ドイツ系銀行12行は合計で，ギリシャ国債を157億ユーロ保有していた。ヒポ・リアルエステート，コメルツが大きい。ヒポはギリシャ国債を79億ユーロ，コメルツは29億ユーロ保有していた。アイルランド国債もヒポが103億ユーロ保有，ポルトガル国債もヒポが37億，LBBW（バーデン・ビュルツブルク州銀行）が22億ユーロ保有していた。

ドイツの州銀行（LB）は2009年現在10行あるが，税前利益合計は52億ユーロの赤字（2009年年度決算）であった。資産評価損益による赤字が大きく，業務純益（total surplus in operating business）に対し，資産評価損が44％となり，大銀行の16％を大きく超過している。[33]

図表6－4が示すように，バークレイズ・キャピタルの試算によると，2010年のストレステストにおいて使用されたヘアカット（国債価格下落）率を，銀行勘定の国債にも適用すると，ドイツの銀行は州銀行を中心に自己資本の低下が著しい。LBBWが6.3％，ヘッセン・チュービンゲンが6.4％，ウエスト州銀行が6.5％，ノルド州銀行が4.7％となっている。2010年のテストでは自己資本6％（Tier1）が基準（銀行勘定を除外）とされたため，銀行勘定を含んでヘアカットすると，ノルド州銀行も不合格となる。

ドイツの州銀行は，州政府が株主であり，同時に州財政に貸出するというビジネスモデルであった。しかしドイツでも州などの地方債発行が増加し，銀行借入への依存が低下した。このため，州銀行は州政府という有力な貸出先を失い，国債など有価証券保有に資産運用対象を求めたと見られる。もちろん，州銀行はドイツ国債を大量に保有しており，LBBWはドイツ国債を640億ユーロ，ノルド銀行は405億ユーロ保有していた。利回り面から周辺国の国債は高く，州銀行は周辺国国債も保有するようになったと見られる。

第6章 ユーロ不安と欧州系銀行の資金調達リスク

図表6-4 欧州系銀行の周辺国国債保有額と自己資本比率推定

	周辺国国債保有額 銀行名	ポルトガル	スペイン	アイルランド	ギリシャ	自己資本比率 (銀行勘定含む)	不足額
英系							
	RBS（ポンド）	660	821	3,919	2,010		
	バークレイズ（ポンド）	1,024	4,376	146	388		
	HSBC（ドル）	698	101	816	1,935		
ドイツ系							
	バイエルン州銀行	3	697	193	198	7.9%	-140
	コメルツ	1,100	3,600	0	2,900		
	デカ	890	570	65	148	7.6%	-137
	DZ	1,320	5,190	310	1,195		
	ヒポ・レアル・エステート	3,741	13,811	10,283	7,913	NA	NA
	LBBW	2,243	4,212	602	1,444	6.3%	-2,853
	ヘッセン・チュービンゲン	163	1831	46	88	6.4%	-1,138
	ウエスト州銀行	1,741	1,047	296	399	6.5%	-768
	ノルド州銀行	460	857	274	197	4.7%	-3,516
仏系							
	C・アグリコール	1,478	2,286	—	854		
	SG	404	901		4,225		
	BNPパリバ	2,526	3,021		5,005		
スペイン系							
	サンタンデール	5,118	50,642	16			
	BBVA	646	52,131	16			
	カハ・マドリッド	—	24,225	—			
アイルランド系							
	バンク・オブ・アイルランド			1,186		7%	-877
	アライド・アイリシュ	257	391	4,136		5.6%	-1,772
ポルトガル系							
	Caixa Geral de Depositos	6,765	330	231		7.4%	-442
EBAヘアカット率	2011年	19.80%	14.60%	19.10%	17.10%		
CEBSヘアカット率	2010年	14.10%	12.00%	12.80%	23.10%		
CDSからの同率		18.80%	10.10%	21.60%	31.80%		

（注）CDSは，2011年3月7日現在。自己資本比率はTier1比率で，銀行勘定にもヘアカット率を適用した推定。
（出所）国債保有額は個別行開示データ。自己資本比率については，Barclays Capital, Credit Research 2011年3月18日付を参考に代田作成。

バークレイズによると，2011年3月現在でCDS（クレジット・デフォルト・スワップ）から推計されるヘアカット率は，2010年のストレステストで使用されたヘアカット率よりも大きい。例えば，ギリシャ国債のヘアカット率は2010年ストレステストで23.1％とされたが，2010年3月現在のCDSから推計すると31.8％とされる。CDSからの推計は，国債のデフォルト確率に，デフォルト時の元本返済比率（デフォルトしても元本の一定比率は返済されるという前提）を乗じて試算されている。

　しかし2011年ストレステストでのヘアカット率は，アイルランド19.1％，ポルトガル19.8％，スペイン14.6％と2010年よりも厳しくなった一方，ギリシャでは17.1％と甘くなっている。また2011年ストレステストの自己資本基準はコアTier1で5％と厳しくなったものの，売買勘定と銀行勘定に関する対応は前回同様である。

　図表6-4で，仏系銀行は，ギリシャ国債を約100億ユーロ保有していた。仏系銀行はギリシャに子会社（現地銀行）を有しており，連結ベースではギリシャ国債の保有額が多くなりやすい。仏系銀行はポルトガル国債も約40億ユーロ保有していた。

③　周辺国の銀行

　第5章でも触れたので，ここでは簡潔に述べることとする。スペインの銀行は，最大手のサンタンデールがスペイン国債を506億ユーロ保有するほか，ポルトガル国債を51億ユーロ保有していた。BBVAも同順で521億，6億ユーロ保有していた。しかし，問題はスペイン国債をカハ・マドリードが242億ユーロ，カハ・バルセロナが201億ユーロ保有するなど，「カハ（地域相互銀行）」の国債保有である。

　スペインのカハは不動産向け貸出の不良債権化等で，2011年現在依然として厳しい経営状態にあり，カハ数は合併により45から17に減少した。[34] またスペインのカハには150億ユーロの公的資金（転換型優先株）が，銀行再建基金（FROB）や預金保険基金を通じて注入された。しかし依然，インターバンク市場から締め出されている。[35] 2010年のEUストレステストで不合格となっ

た7行のうち，5行はスペインのカハであった。自己資本比率6％以下と判定されたためだが，2011年現在，カハの歴史上初めて，海外の資本を求めている。[36] スペインの上位4行で1,500億ユーロ程度のスペイン国債を保有し，スペイン国債残高の31.8％にあたる。スペイン国債残高（借入除く，証券形態）は4,715億ユーロとされる。

アイルランドの銀行では，アライド・アイリッシュがアイルランド国債を41億ユーロ，アイルランド銀行が同じく12億ユーロ保有していた。アイルランドの中央銀行によると，国内銀行の国債保有額は110億ユーロであり，半分近い。これら2行で国内銀行保有額の主要部分を保有すると見られる。

ポルトガルでは，国内銀行Caixa Geral de Depositosがポルトガル国債68億ユーロを保有し，4行で同債を137億ユーロ保有していた。ポルトガルの中央銀行資料によると，国内金融機関は164億ユーロ保有しており，4行でその主要部分を保有している。ポルトガルの銀行は，自国国債中心に保有している。ポルトガルの銀行による国債保有は総資産5％程度であり，他の周辺国での銀行より低いが，国債の比率は2010年に入り上昇している。[37] またポルトガルの銀行による国債保有は，自国の国債が中心で，80％程度を占めている。[38]

ギリシャの銀行はギリシャ国債を430億ユーロ保有していた。ギリシャ国債残高（借入除く，証券形態）は2,527億ユーロであり，国内銀行は17％を保有することになる。

④ **主要銀行と自己資本比率**

2010年7月に欧州銀行監督委員会（CEBS）によるストレステストが実施された。ストレステストでは，銀行勘定を除き自己資本比率を推計し，自己資本比率6％を基準とし，ヘアカット比率は図表6－4が示すような比率が使用された。結果として，スペインのカハを中心に7行が不合格となった。

バークレイズ・キャピタルは銀行勘定を含みヘアカット率を適用し，自己資本比率（Tier1）を推計し，（2010年6月時点での）8％以下の銀行を公表した。ドイツ系銀行の多くが，不合格銀行となり，自己資本積み増しの必要がある。ドイツの銀行の対外資産のうち，15.5％が周辺国（イタリアを含む5カ国）向け

である。[39]

6 欧州系銀行の資金調達構造

(1) 資金調達とホールセール依存

すでに明らかにしたように，銀行の総資産から見た場合，国債の比率は高いわけではない。しかし，周辺国の財政が危機的状態にあり，周辺国国債の再編が議論されるなかで，周辺国銀行のインターバンク市場など資金調達コストも上昇している。欧州系銀行は資金調達構造において預金の比重が低く，ホールセール市場への依存が高いため，資金調達コスト上昇は金融機関の経営を不安定化させる。こうした関連性において，国債リスクは欧州の銀行など金融システムに深刻な影響を与えている。長期国債利回りや国債CDSの上昇は，間接的にせよ，銀行債利回りや欧州系銀行のCDS上昇を促し，銀行の資金調達コストを上昇させている。

欧州系の銀行は，総資産が大きくなりやすい。これには会計上の問題も影響している。銀行が資産を流動化する場合，オリジネーターである銀行の信用リスクから切り離す（倒産隔離）ため，資産を銀行本体から完全に譲渡（真正売買）する必要がある。この場合，譲渡先が連結財務諸表に含まれるか，否か，という点で欧州（国際会計基準IFRSによる）は米国よりも厳しい。米国の従来の会計基準では，資産の譲渡先がSPE（特に適格SPE）の場合，銀行の連結対象から除外されてきた。このため，米国では銀行の連結バランス・シートから除外可能であり，簿外資産として処理する余地があった。しかし欧州では，IFRS基準により，適格SPEの概念自体がなく，資産の譲渡先も連結対象に含まれる。[40] 結果として，欧州では銀行の総資産，そして総負債も大きくなりやすく，資金調達において預金で不足する部分が生まれる。

また欧州系銀行の預貸率は，日米等と比較して高い。ユーロ参加16カ国（当時）平均で2009年には預貸率は120％を超え，またEU加盟27カ国平均では

第6章　ユーロ不安と欧州系銀行の資金調達リスク

140％に迫っていた。これは，分母である預金が小さいこと，分子である貸出が相対的に大きいことに起因する。

預金が小さいことは，資金調達構造において，ホールセール市場への依存が大きいことの裏返しである。また欧州系銀行には，投資銀行機能を強化した銀行もあるが，中東欧や南欧へ進出し，貸出など商業銀行機能が中心の銀行も多いのである。このため，ホールセール市場で短期資金を調達しつつ，長期で貸出する銀行が増加した。

図表6－5は，ユーロ圏の銀行の主要な資産残高と資金調達を示している。

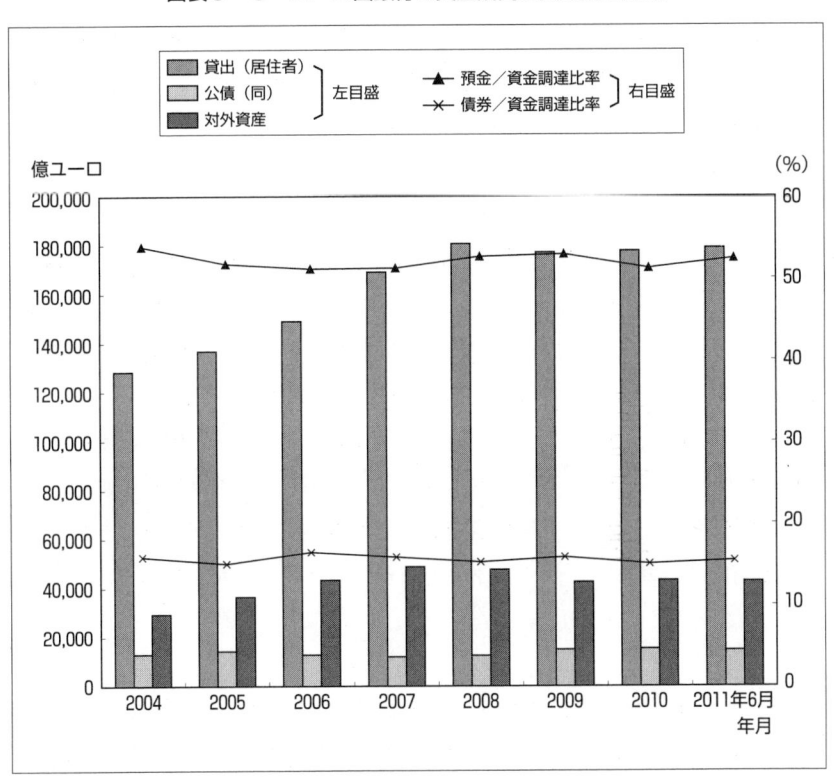

図表6－5　ユーロ圏銀行の資産残高と資金調達指標

（出所）ECB, *Monthly Report* から作成。

ユーロ圏銀行の貸出残高は大きく，金融危機以降もさほど減少せず，18兆ユーロ前後で推移している。他方，銀行資産における公債はさほど大きいわけではなく，現在1.5兆ユーロ程度である。しかし，問題は資金調達における預金の比率が低く，預金／資金調達額（負債・資本の合計が分母，以下同じ）比率は2004年における53.8％から，2010年には51.2％へ低下してきた。一方，ホールセール市場での調達のひとつであるカバードボンドなど債券発行の比率は高く，債券／資金調達額比率は15～16％で推移してきた。そして，総資産が大きくなりやすく，預金の比率が低く，ホールセールの比率が高いなか，自己資本比率が相対的に低いため，国債価格下落に際し，自己資本の範囲で吸収可能か，危惧されている。2011年10月には，デクシアが経営破綻した。

　金融危機前から，欧州系銀行はより低コストのインターバンク市場などマネーマーケット（短期金融市場）での資金調達を増やした。すなわちインターバンク市場のほか，CD（譲渡性預金），CP（コマーシャル・ペーパー），短期債等での資金調達であるが，銀行の資金調達に占める比重は，2003年における11.8％から，2007年には16％へ上昇した。また短期金融市場のなかでも，インターバンク市場での資金調達は，2003年には0.1％でしかなかったが，2007年には2.9％へ上昇した。インターバンク市場での伸び率は，2007年にユーロ圏では16％に達した。[41] また証券化による資金調達もかなり増加し，2007年には証券化のなかでは住宅ローン証券が52％，CDOが27％を占めていた。

　こうして欧州系銀行は資金調達面でホールセール市場への依存を強めたが，同時にバランス・シートの満期ミスマッチ（短期調達・長期運用）も拡大した。調達が短期化し，他方で運用は長期化したため，銀行はファンディング・リスク（短期負債の借換等）やカウンターパーティ・リスク（取引相手の信用リスク等に伴うリスク）にさらされた。

（2） ホールセール市場と新しいリスク

　ホールセールの短期金融市場で資金調達が増加したことは，銀行の過剰なレバレッジや満期ミスマッチをもたらし，金融システムの脆弱性の主要な要因と

第6章　ユーロ不安と欧州系銀行の資金調達リスク

なっている。資金調達におけるホールセール市場の役割増加は，新しいリスクをもたらした。

　第一に，新しいカウンターパーティ・リスクである。インターバンク市場など短期金融市場でMMFによって担われた役割は，あまり知られていない。MMFの保有者が解約することで，MMFは短期金融市場から流動性を引き出すため，短期金融市場の脆弱性を高めた。

　欧州系銀行の米ドル・インターバンク（無担保）市場では，米MMFが資金の出し手となってきた。しかし2010年4～5月，米MMFは，国債（ソブリン）リスクを抱えた欧州系銀行に対し，資金供与に慎重となった。米MMFが欧州系銀行に，カウンターパーティ・リスクを懸念したと指摘される。[42] 米MMFは総資産の42％が欧州系銀行向けとされ，米MMFによるドル資金の運用は欧州向けが中心となっている。

　第二に，欧州系銀行のファンディング・リスクについては，欧州系銀行がホールセール依存を深めたうえ，その満期借換が2011～2012年に集中する問題である。アイルランドの銀行は総負債の約50％を，ドイツの銀行は同じく約40％を2011～2012年に借り換えねばならない。[43] 2011年上半期現在，欧州での金利構造は，短期金利が低く，急速に長期金利が高くなる，険しいイールド・カーブである。このため銀行は短期負債をさらに短期負債へロールオーバー（借換）しようと見られるが，これは問題を悪化させる。さらに財政も国債の満期借換が2011年から2012年に集中すると予想され，銀行の借換と競合して，長期金利が高止まりする可能性がある。

　第三に，新しい担保のクレジット・リスクである。有担保・短期金融市場での担保として，低い信用度の証券が使用されていたが，担保のリスクは過少評価されていた。このことは，米国でレポ取引の担保証券として2005年以降，MBS（不動産担保証券）などが認められたことで加速した。

　金融危機以降は，銀行はリスクを管理し，安全性を求めるようになり，レポ市場，単純な証券化商品やカバードボンドを志向している。[44] 特に，カバードボンド市場は代替的な資金調達手段となっており，ECBによるカバードボ

ンド買い取りプログラムも影響しているようだ。図表6-6は，周辺国銀行による，最近のカバードボンドの対国債スプレッドを示している。カバードボンドは，銀行による不動産抵当貸出や公共部門貸出を担保として，伝統的にはドイツを中心に発達した，銀行が発行する債券である。ABSなど資産担保証券との違いは，担保資産が銀行の資産として残り，オフバランスシートとならないことである。金融危機前から銀行の資金調達手段として，カバードボンドはスペインなどを中心に急成長してきた。

しかし図表6-6が示すように，欧州系銀行のカバードボンドの利回りは急上昇している。アイルランドの銀行カバードボンドは，対国債で544bp（ベーシス・ポイント，2011年10月現在）も高く，スペインの銀行カバードボンドも，

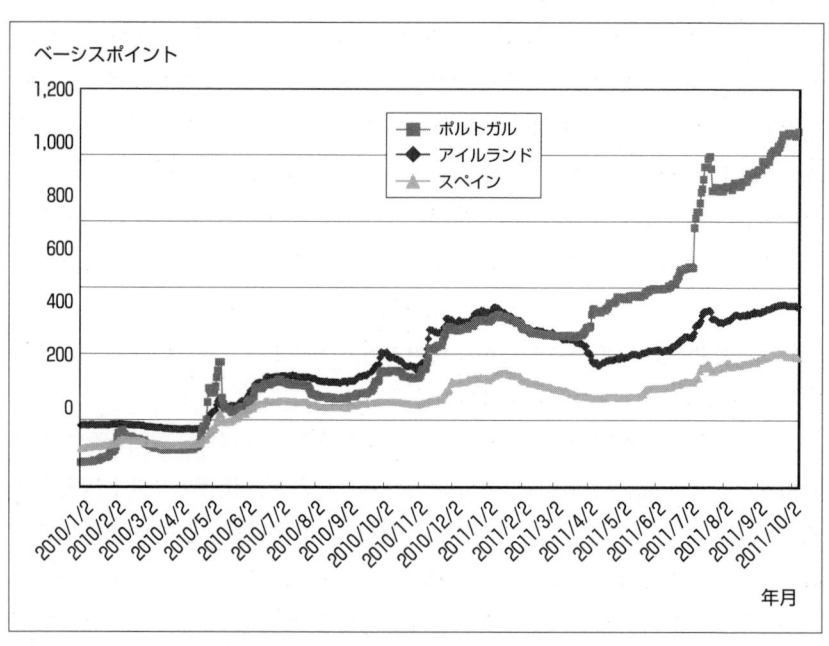

図表6-6　カバードボンドの対国債スプレッド

(出所) バークレイズ証券データから作成。
(注)　1ベーシスポイント=0.01％

同じく389bp高くなっている。ポルトガルの銀行カバードボンドに至っては，1,071bpも高い。2010年4月以降，アイルランドとスペインのカバードボンド利回りは傾向的に上昇している。2010年4月以降，アイルランド等の国債格付けが引き下げられ，国債利回りが上昇するなかで，銀行のカバードボンド利回りも上昇してきた。資金調達面でホールセール市場に依存する，欧州系銀行にとっては，カバードボンドの利回り上昇は非常に大きな問題である。[45]

7 まとめに代えて

　ユーロ圏は発足以来，域内格差が大きい。また拡大のペースも早かった。ドイツ・フランスを中心とする銀行が，ユーロ圏内外で貸出を増加させた。今日，銀行は少なくない不良債権を抱える。ユーロ圏の銀行の資産構成において，国債など公債は5％弱であり，大きいわけではない。しかし，国債の保有構造において，内外の銀行が大きなシェアを有すると推定される。国債価格の大幅な低下が発生すると，損失を利益だけでは補填できず，自己資本を取り崩し，自己資本比率低下が予想される。このため，規制当局から，銀行の自己資本積み増しが求められる。ギリシャなどの国債元本削減が現実化すれば，銀行の経営不安定化により，ユーロ不安が当面継続するだろう。

（注）
1） 前財務省玉木林太郎財務官による中央大学経済研究所国際金融研究会での報告「金融危機とグローバル・ガバナンスの構造変化」（2010年5月22日），ニッセイ基礎研究所伊藤さゆり氏による公益財団法人日本証券経済研究所ヨーロッパ資本市場研究会での報告「信用不安に揺れる欧州経済とユーロ」（2010年7月5日），大和総研山崎加津子氏による日本証券アナリスト協会での講演「ユーロ経済圏の課題」（2010年8月10日）などがこうした視点から報告されている。
2） Mundell, R. and A. Clesse eds. [2000], *The Euro as Stabilizer In the International Economic System*, Kluwer Academic Publishers.
3） Eurostat newsrelease, *euroindicators*, 29 April 2011

4）Eurostat newsrelease, *euroindicators*, 15 April 2011
5）Eurostat newsrelease, *euroindicators*, 16 March 2011
6）Deutsche Bundesbank, *Financial Stability Review*, November 2010, p72
　なお，バッド・バンクに移転された，ヒポ・レアルの1,910億ユーロ，ウエスト州銀行の680億ユーロは上記に含まれていない模様。*The Banker*, January 2011, p77参照。
7）欧州の債務（国債）危機はスペイン次第であり，それはギリシャよりも救済がはるかに困難である。そしてスペインは銀行が問題であり，銀行は追加の自己資本を150億ユーロ求めている。さらに銀行の問題は，不動産不況と土地に行き着く。*The Economist*, April 2, 2011
8）この点の詳細は，拙著，「EU共通財政と公的金融」，植田・新岡編著，『国際財政論』，2010年，有斐閣，pp181〜200を参照されたい。共通財政の制約があるなか，欧州投資銀行による政策金融が補完してきた。
9）Eurostat newsrelease, *euroindicators*, 26 April, 2011
10）*The Economist*, March 5, 2011, p55
11）*The Economist*, March 19, 2011, p69
12）*International Herald Tribune*, April 8, 2011
13）*International Herald Tribune*, January 29, 2011　*The Economist*, April 30, 2011, p50
14）*The Economist*, January 22, 2011
15）ポルトガル国債利回りは2011年2月に7％台へ上昇し，財政の負担能力を超えたとされた。ドイツ国債との利回り格差は1年前には1％であったが，2月には4％まで乖離した。*The Economist*, February 26, 2011
　2011年6月現在，ギリシャ国債のCDS保証料率は2,000bp程度まで急騰しており，これは100の国債に対し，20の保証料を意味する。*International Herald Tribune*, June 18, 2011
16）従来，EUの共通財政は債券不発行主義であった。このため欧州投資銀行（EIB）が債券を発行し，（EU財政を補完して）貸出を実施するという役割分担が形成されてきた。しかし，2010年5月にEFSMが発足し，EUが債券を発行することとなり，従来のEU財政債券不発行主義は転換したと見られる。
17）*The Economist*, April 6, 2011, p68
18）EFSFによるギリシャ国債の買い上げについて，ギリシャのパパンドレウ首相は懇願したが，ドイツ連銀は不透明な政府間の移転として非難した。

第6章 ユーロ不安と欧州系銀行の資金調達リスク

  The Economist, March 5, 2011, p75
19) *Financial Times*, June 2, 2010
20) Barclays Capital, *Euro Area Bank and Sovereign Debt : Preemptive Action needed*, November 30, 2010　2010年6月16日, ECBはギリシャ国債の担保価値を5％引き下げた。(2008年秋以降, 最大10％引下げに追加)
21) *The Economist*, May 7, 2011, p70
22) IMF, *Global Financial Stability Report*, October 2010, p 4
23) Friedrich Schneider and Dominik Enste, *Shadow Economies Around the World : Size, Causes, and Consequences*, IMF Working Paper, 2000
  OECD加盟国のうち, シャドーエコノミーの対GDP比率はギリシャが30.1％で最高, スペインが23％, ポルトガルが22.8％と続く。シャドーエコノミーの定義としては, 非合法取引として薬物取引のほか, 合法な行為として, 所得の不申告など脱税 (Tax Evasion) や従業員の過少申告などの租税・社会保険料回避 (Tax Avoidance) 等である。
24) *The Economist*, June 4, 2011, p85
25) Banco de Portugal, *Annual Report 2009*
26) IMF, *Global Financial Stability Report*, April 2011, p24
27) Central Bank of Ireland, *Quarterly Bulletin*, January 2011,
28) *The Economist*, January 15, 2011, p72では, 2010年9月時点での外国人国債保有の対GDP比率をポルトガル66％, アイルランド54.2％としている。
29) BIS, *Quarterly Review*, December 2010
30) ドイツのアイルランド向け債権には, ドイツ系銀行のアイルランド子会社向け貸付が多く, 純然たるアイルランド向け債権とは異なる, と指摘される。
  The Banker, January 2011, p77
31) European Banking Authority, *European Banking Authority 2011 EU-Wide Stress Test Aggregate Report*, p29
32) 個別行の国債保有額は, 2010年7月公表のストレステストとしての発表額である。多くは2009年年末, もしくは2010年3月末現在とされる。
33) Deutsche Bundes bank, *Monthly Report*, September 2010, p21
34) *The Economist*, January 15, 2011, p74
35) *The Economist*, February 5, 2011, p73
36) *The Banker*, September 2010, p45
37) Banco de Portugal, *Financial Stability Report*, November 2010, p68

38) Banco de Portugal, *Financial Stability Report*, November 2010, p71
39) Deutsche Bundesbank, *Financial Stability Review*, November 2010, p60
40) IMF, *Global Financial Stability Report*, October 2010, p15
なお，米国会計基準も，FAS166/167で適格SPEの概念を削除した。
41) ECB, *EU Banking Structures*, May 2009, p10
42) IMF, *Global Financial Stability Report*, October 2010, p14
欧州系銀行は金融危機前，ネットベースで，短期の米ドル・外為スワップにより約5,000億ドル調達し，非銀行に対しより長期で約9,000億ドル運用していた。これは為替リスク，満期リスク（短期調達・長期運用），借換（funding）リスクが巨大化したことを意味する。　BIS, *Annual Report*, 26 June 2011, p90
米MMFの運用については，新形敦，「欧州銀行はソルベンシー危機か？」，『みずほマーケットインサイト』，2011年9月9日付参照。
43) IMF, *Global Financial Stability Report*, April 2011, p13およびp25
44) ECB, *EU Banking Structures*, September 2010, p31
45) 林　宏美，「規模の拡大と多様化が進展するかバード・ボンド市場」，『資本市場クオーターリー』，2008年春号参照。

第7章

金融危機以降の邦銀と国債保有
—ユーロからの警鐘—

1 はじめに

　金融危機以降，とりわけ2010年以降，邦銀の貸出は前年比で減少が続いている。大企業を中心とした企業借入減少が一因であろうが，BIS自己資本比率（バーゼル）規制で邦銀が貸出を抑制していることも影響していよう。他方で，銀行の国債保有は大幅に増加している。2009年第三四半期には，国内銀行の保有国債残高は前年同期比44.2％増となった。[1] 貸出，株式保有はバーゼル規制上，リスク資産とされるが，国債はリスクフリーとされている。

　現在，邦銀の不良債権は，歴史的には低い水準にある。ただし中小企業等金融円滑化法により，不良債権の定義が緩和されたことが若干影響していよう。また現在の不良債権の定義は貸出債権だけであり，証券化商品は含まれない。しかし金融危機以降，邦銀の主要な不良資産は債券関係の証券化商品である。2008年度決算で「国債等債券償却」等を「リスク管理債権」に加え，業務純益との関係を試算すると，2008年度は赤字であった。すなわち不良債権の範囲に，貸出債権だけではなく，債券関係も含むと，銀行の基礎的利益である業務純益だけでは償却できてはいない。不足分は株式売却や益出し等によって補填されたと見られる。

　さらに邦銀のバーゼルⅢ（普通株と内部留保による，コアTier1比率4.5％）に関する試算が各種なされているが，最も厳しい試算では１％未満とされていた。こうした背景から邦銀の増資が続いてきた。

邦銀は国債保有を増やしているが，業態別では若干の相違がある。都市銀行では長期債の比率が低く，短期・中期債中心の国債保有である。しかし地方銀行では，長期債の比率が高く，中期・長期債中心の国債保有となっている。邦銀の利鞘は極めて薄くなっており，利回り上昇の観点からは，長期債が選好される。地方銀行などバーゼル規制に関する国内基準行については，国債評価損を自己資本（Tier1）から控除しないことが認められており，その影響と見られる。バーゼル規制は邦銀の資産構成に大きな影響を与えている。[2]

2　金融危機以降における貸出の減少

　金融危機の発生により，銀行による企業向け貸出は増加した。金融危機後の銀行貸出の伸びは主として，大企業向けを中心とするものであった。2003年には国内銀行による貸出伸び率は－9％となったが，2008年には3.6％増に転じた。しかし企業規模別に見ると，2007年から2008年にかけ中小企業向け貸出は186.8億円から185.2億円へ減少しており，貸出増加は大企業向けが中心であった。大企業向け貸出は同じ時期に，80.2兆円から92兆円へ増加した。

　大企業向け貸出が増加した背景には，CPなど大企業向け市場型金融システムが動揺したことがある。CP発行金利は2005年には0.04％であったが，2007年末には0.63％，2008年末には1.21％まで上昇した。またCP発行残高も約16兆円から10兆円強まで減少した。しかし日銀，政策投資銀行等によるCP買いオペなど緊急の金融危機対策も奏功し，CP発行市場は2009年以降回復に向かった。同時に社債発行等も増加した。

　このため2009年度銀行貸出は再び減少した。図表7－1は国内銀行の貸出・有価証券の残高，ならびに貸出と国債保有残高の前年比伸び率を示している。貸出の対前年比伸び率は2008年に4.6％増となったが，2009年に－1.9％となり，2010年も－1.9％となった。銀行貸出は2011年6月現在，マイナスの伸び率が続いている。

　他方，有価証券，特に国債残高は大幅に増加している。銀行が保有する国債

第7章　金融危機以降の邦銀と国債保有

残高は2007年には80.7兆円であったが，2009年には120.2兆円まで増加した。このため国債残高の対前年同期比は2008年に15.9％増，2009年には28.6％増と極めて高い増加率になった。図表7－1は2011年6月までの動向を示している。

次に2009年2月以降2011年8月までの，貸出動向を都銀等と地銀・第二地銀に分けて見てみよう。貸出の伸び率については国内銀行合計である。これによると，銀行の貸出伸び率がマイナスに転じた時期は2009年12月以降であるが，主として都市銀行等のメガバンクによる貸出が減少していることがわかる。都市銀行等による貸出残高は2009年3月時点では214.5兆円あったが，2010年3月には206.7兆円まで減少し，さらには2011年8月には195.5兆円まで減少し

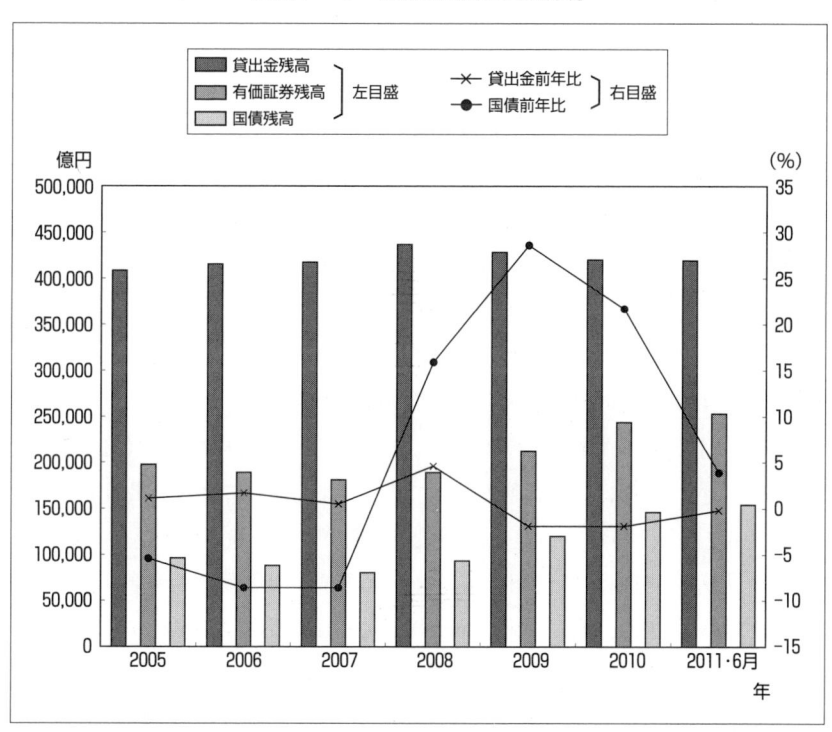

図表7－1　邦銀の貸出と国債保有

（出所）日本銀行，『金融経済統計月報』から作成。

た。他方，地銀・第二地銀は2009年2月以降2010年5月まで193兆～194兆円台で推移し，さらに2011年8月には196.6兆円と増加した。貸出残高は，特に都銀を中心に減少し，地銀は横ばいから若干の増加である。

　メガバンクであるみずほ3行，三井住友（連結），三菱UFJ（単体合算）の貸出残高を合計すると，197.7兆円となり，上記の都市銀行等の金額に匹敵する。したがってこれら3メガグループの動向を見ると，ほぼ動向が判明しよう。これら3メガグループとも貸出残高は2009年中間期には減少させているが，なかでもみずほグループ3行の貸出減少は大きく，2008年度（2009年3月）には68兆円であったが，2011年度第一四半期（2011年6月）には61.7兆円まで減少した。

　みずほ銀行では，中小企業向け貸出金残高は2008年度中間期に34.5兆円（中小企業等貸出比率57.2%）であったが，2010年度末には23.5兆円（同70.5%）まで減少した。[3] みずほ銀行の2010年度決算では，貸出金残高は33.4兆兆円と前年度比で微増したが，中小企業向けは2009年度に比較して減少となった。[4] ただし，中小企業向け貸出が，貸出減少の主因と言えるか，微妙である。みずほグループの業種別貸出状況によると，2008年度末に比較し，2009年度中間期には貸出金は6.2兆円減少したが，業種としては，「政府等」が2.96兆円減少と最大項目であった。[5]

　銀行貸出減少の要因は，一般には企業の資金需要が低迷しているため，とされる。確かに大企業の銀行借入需要は金融危機以降，減少していよう。大企業向け金融を担う，政策投資銀行によるCP購入額は，2009年6月に3,510億円に達し，その後ほぼ横ばいの状態が続いてきた。また同行による貸出額も2009年9月に2.6兆円となったが，その後2.8兆円程度でやはり横ばいの状態である。しかし，中小企業向けに貸し出している，商工中金の危機対応融資額は増加が最近まで続いてきた。商工中金の金融危機対応貸出残高は2009年9月には1兆4,517億円であったが，[6] 2010年5月現在では，商工中金の同貸出残高は2兆9,809億円に達した。[7] 2011年9月現在，商工中金の危機対応業務（東日本震災関係を含む）は5兆4,700億円を超えている。大企業での銀行借入需要が減退し

たことは否定できない。しかし中小企業では銀行貸出への需要は根強く，大企業とは異なる可能性が残る。[8] メガバンクの中小企業向け貸出が減少していることは，中小企業からの需要低迷とは言い難く，むしろ供給サイドの問題と見られる。

3 不良債権の現状と自己資本比率規制

（1） 不良債権の現状

銀行貸出が伸び悩む要因として，不良債権問題が考えられる。不良債権が増加していると，その処理のために引当金が増加し，利益を圧迫し，銀行が貸出に消極的となるためである。

しかし，銀行の不良債権額は2001年をピークに減少してきた。まず不良債権の基準について明らかにしておく。不良債権の基準は大きく3つに分かれる。[9] 第一に，銀行法にもとづくリスク管理債権区分である。この区分は全国銀行協会の統一開示基準にもとづき，1993年以降発表されており，時系列的には最も長くデータがとれる。[10] この基準では，不良債権は，「破綻先債権」，「延滞債権」，「3カ月以上延滞債権」，「貸出条件緩和債権」からなる。

第二に，金融再生法にもとづく開示債権である。1998年に発表され，融資先企業の財務内容，および債権の回収可能性（担保）を重視している。この区分では，「要管理債権」，「危険債権」，「破産更生債権およびこれらに準ずる債権」が不良債権開示額となる。[11]「要管理債権」は，3カ月以上延滞債権（元利払いが3カ月以上延滞している貸出債権）および貸出条件緩和債権からなる。

第三に，これらの法的規程にもとづく不良債権以外に，銀行自身が査定する，「自己査定における債務者区分」がある。自己査定区分では，「破綻先」，「実質破綻先」，「破綻懸念先」，「要注意先」からなる。

銀行法にもとづくリスク管理債権と金融再生法にもとづく開示債権は，総額的にはほぼ同じである。全国銀行協会の集計によると，国内銀行合計で2001年

度には銀行法にもとづく「リスク管理債権額」は39兆8,377億円あったが，2007年度には11兆604億円まで減少した。金融危機を経て，2008年に11兆5,021億円にわずかながら増加したが，2010年3月末でも11兆4,280億円である。

　2008年以降の不良債権がさほど増加していない一要因として，中小企業等金融円滑化法もあり，不良債権の基準が緩和されたことがある。[12]「中小企業金融円滑化法」は2009年10月末に閣議決定された。中小企業や個人が借入金の返済を猶予しやすくする趣旨から，金融機関に対し努力義務を課したものであった。こうした側面を考慮すると，銀行の不良債権は数値上に公表されるよりも拡大している可能性がある。

　また，銀行が不良債権を処理する利益指標は業務純益とされている。業務純益は銀行による基本的業務に伴う利益指標であり，具体的には資金運用収支，役務取引等収支，およびその他業務収支から，一般貸倒引当金繰入額等を差し引いた利益である。この業務純益から，貸倒引当金（個別引当金を含む）新規計上額と貸出金償却（純額）を控除した場合，業務純益が赤字でなければ，利益の範囲内で不良債権が処理されている。しかし赤字であれば，利益以外の原資が必要となり，株式益出し（売却），資本金取り崩し，公的資金の注入，資産（不動産等）売却といった手段となる。[13] 株式関係で不良債権の処理を穴埋めするためには，株価水準が重要な問題となる。

　図表7－2は業務純益，貸出関係の不良債権処理費用として貸倒引当金，貸出金償却に加え，証券化商品の処理費用も加えたものである。2007年の金融危機以降，不良債権問題は貸出よりも，証券化商品が問題である。しかし問題はすでに述べてきたように，不良債権の定義は貸出が中心となっており，証券化商品は含まれていない。このため，「リスク管理債権」等の不良債権は，実質的な不良「資産」を反映しているか，問題が残る。そこで図表7－2では，証券化商品を処理する費用項目を加えた。「国債等債券償却」，「その他業務費用」，「その他経常費用」，「減損損失」などであるが，これらの合計額は2008年に1兆5,000億円を超えており，軽視できない金額に達している。2008年に貸出関係と証券化商品関係の処理費用を合計すると，4兆7,551億円となり，業

図表7－2　不良債権・証券化商品の償却

(単位：億円)

	2001	2002	2003	2004	2005	2006	2007	2008	2009	2010
業務純益（①）	45,596	46,711	54,718	64,432	57,110	54,429	50,081	34,953	48,049	49,471
貸出関連										
貸倒引当金繰入額	46,487	31,898	24,904	8,433	6,846	7,125	5,222	16,430	8,487	5,434
貸出金償却	29,477	20,912	20,195	17,164	4,975	4,523	6,593	14,094	7,404	4,407
証券化商品関連										
国債等債券償却	704	876	84	49	783	59	2,896	7,371	615	492
その他業務費用	178	565	230	144	245	260	1,091	3,628	822	292
その他経常費用	19,462	18,642	16,366	15,839	7,815	5,224	7,850	5,648	5,725	3,045
減損損失	0	0	0	0	1,283	649	449	380	560	501
引当・費用合計（②）	96,308	72,893	61,779	41,629	21,947	17,840	24,101	47,551	23,613	14,171
償却余力（①－②）	－50,712	－26,182	－7,061	22,803	35,163	36,589	25,980	－12,598	24,436	35,300

（出所）『全国銀行財務諸表分析』各年版から作成。
（注）全国銀行，単体，損益計算書から作成。

務純益3兆4,953億円を，1兆2,598億円超過して赤字になっている。不良債権が拡大した2001年～2003年にも，「業務純益－処理費用」は赤字となっているが，2001年には5兆円以上の赤字となった。2004年～2007年には業務純益の範囲内に処理費用は収まっているが，2008年には再び1兆2,598億円の赤字となった。こうした動向を踏まえると，銀行の不良資産（証券化商品を含む）処理は実質的に2008年に重かった可能性がある。ただ，2010年現在，証券化商品も含め，不良債権処理は一巡したと見られる。

（2）　自己資本比率規制

メガバンクの自己資本比率規制は，バーゼルⅡでの8％（Tier1）規制から，バーゼルⅢ（コアTier1比率4.5％あるいはコアTier1＋資本保全バッファー比率で7％）に関する議論に移行しつつある。バーゼル規制の仕組みやバーゼルⅡについては，従来も論じてきた。[14)] 現状では，金融危機以降，新たな規制の枠組みが議論され，邦銀の中核的自己資本（コアTier1）に関する各種推計がなさ

れている。コアTier1の範囲は普通株と内部留保を中心とする。

　しかし邦銀の自己資本はコアTier1を中心に厳しい現状にある。各種報道におけるメガバンクの自己資本推計によると，最も厳しい評価は，『金融ビジネス』2010年冬号における評価である。特にみずほグループは，コアTier1比率0.76％といった推計がなされている。

　これはみずほなど邦銀では，優先株，少数株主持分，繰延税金資産の比重が高いため，控除すると，コア資本はTier1の3分の1程度となる。みずほの場合，Tier1自己資本は5兆1,512億円（2009年9月末現在，以下同じ）あるが，優先株6,310億円，連結子法人等の少数株主持分2兆2,964億円，繰延税金資産6,151億円等を控除すると，1兆6,088億円となる。ここからさらに前払い年金費用，その他無形固定資産等を控除し，リスクアセット59兆874億円で除すと，0.76％となる。ダブルギアリング（金融機関の持ち合い株式を資本から控除）は公表されていないため，反映されていないと言う。[15]

　『金融ビジネス』2010年冬号に次いで厳しい評価となった報道は，『週刊金融財政事情』2009年12月21日号に掲載された，クレディ・スイス証券　伊奈伸一，「主要8グループの09年9月中間期決算分析」であった。[16] みずほのコアTier1については，最も低い試算で1.9％，最も高い試算で3.8％となった。

　みずほの場合，0.76％または1.9％と試算されたコアTier1比率を，将来的には最低でも4.5％台まで上昇させる必要がある。コアTier1の低下抑制，上昇のためには，①普通株，内部留保の増加，②リスク資産の圧縮（貸出，株式），③リスクフリー資産としての国債（地方債含む）へのシフト，が求められる。みずほにおける貸出（3行合算）減少は急速で，2009年3月末に69.7兆円であったが，2011年6月末には60.1兆円へ減少した。しかしこれでも自己資本比率上昇には不十分であり，2010年6月に開催された株主総会では，8,000億〜1兆円とされる増資報道をめぐって紛糾した。[17] その後，みずほは増資を決定した。

　邦銀の不良債権は貸出債権に限定すれば，さほど大きい金額ではない。しかし証券化商品など債券関係の処理費用を加えると，業務純益を超えていた。この超過分は株式売却などで埋め合わされた可能性が高い。この点は，銀行の株

式売却の一因と見られる。しかし，邦銀の貸出減少，株式売却にはBIS規制がより密接に影響していると見られる。リスクフリーの国債はBIS規制のもとで，増加しやすくなってきた。

4 邦銀の有価証券運用

　邦銀の近年の決算を見ると，金融危機の影響で2008年度には減益（全国銀行の業務純益は3兆4,953億円，前期比30.2％減）となったが，2009年度から2010年度（同4兆9,471億円）には回復している。

　この期間での特徴としては，以下のような諸点を指摘できる。第一に，債券関係損益回復が都銀，地銀・第二地銀ともに利益回復の大きな一因である。第二に，株式関係損益が回復しつつも，都銀を中心に赤字だったことである。第三に，保有有価証券の構成を見ると，都銀では株式の比率が高めだったが，売却が進んでいることである。第四に，都銀は公社債の構成比としては，国債の比率が高かったことである。第五に，地銀・第二地銀は公社債のなかでは，地方債，社債の比率が高かったことである。以下，これらの諸点について，若干掘り下げて検討する。

（1）　都銀による株式売却

　2008年度決算では都銀を中心に大幅な株式等関係損失が発生した。主たる要因は株価の低下であり，日経平均は2008年3月の12,525円から，2009年3月には8,109円と，2008年度を通じて大幅に下落した。もともと業態別預証率（預金に対する証券の比率）で，都銀・信託は高いが，さらに有価証券のなかで株式の比率も相対的には高くなっている。2009年度中間期で預証率は信託で50.3％，都銀で36.7％あった。さらに有価証券のなかで株式の比率は都銀で10.1％，信託銀行では11.8％あった。こうして都銀と信託では株式保有が多いため，株価の低下は株式関係の損失を大きくする。2010年度決算でも，全国銀行ベースで株式等関係損益は4,081億円の赤字となり，うち都銀が2,671億円の赤字であっ

た。

　現在，株式持ち合いの解消がメガバンクを中心として発生している。大和総研の調査によると，持ち合い比率は2000年の13％から，2008年には8.2％へ低下（金額ベースで対市場比，以下同じ）し，さらに2009年には6.5％となった。また銀行分だけに限定された，銀行持ち合い比率も同じく1999年における7.89％から2009年度には2.52％へ低下した。[18]

　株式市場で銀行は売り手となっている。東証が発表する，投資部門別株式売買代金差額を見ると，銀行の売り越し基調が続いている。2008年には銀行は年間で360億円の売り越しであったが，2010年には2,451億円の売り越しと加速している。[19]

　銀行の持ち合い解消の要因としては，第一に，BIS自己資本比率（バーゼル）規制で株式が100％のリスクアセット（バーゼルⅡ）であること，第二に減損会計が導入され，株式関連損失が公表されていること，第三にIFRS（国際会計基準）導入により株式評価損も包括利益に反映される方向であること，第四に金融庁が持ち合い株の情報開示を打ち出していること，といった要因が指摘されている。

　報道によると，三菱東京UFJ銀行はホンダを2,446万株，東武鉄道を438万株，日本車両製造を495万株，東京海上ホールディングを437万株等売却した。みずほコーポレート銀行は神戸製鋼所を570万株，伊藤忠商事を980万株等売却した。三井住友銀行はパナソニックを56万株等売却した。[20]

　現在，メガバンクの株式売却は，上記の三菱東京UFJの東京海上，みずほコーポレートの伊藤忠商事に見られるように，財閥系，グループ系にも及んでいる。[21]

　三菱UFJフィナンシャル・グループは持ち合い株として保有していた三菱グループ各社の株式計100～200億円程度を上場投資信託（ETF）に一括売却した。[22] このETFは三菱UFJ投信が設定した「S&P三菱企業群上場投信」で，三菱系企業26社の株式で構成されていた。[23]

　2002年に設立された銀行等保有株式取得機構は，2009年3月から買い取りを

第7章　金融危機以降の邦銀と国債保有

再開した。同3月には買い取り累計は415億円であったが，2011年8月現在で5,962億円に達した。このほか，日銀による金融機関保有株式の買い入れ（2010年4月終了）は3,878億円に達した。[24] これらは，いずれも銀行による株式売却圧力が強いことを示している。

（2）　地銀と地方債

　近年における業態別債券関係損益を見ると，図表7－3が示すように，地銀・第二地銀では2008年度において大幅損失計上となったが，その後に回復した。他方，2008年度以降，都銀・信託では黒字となった。2008年度，都市銀行は581億円，信託銀行は1,529億円の黒字となったが，地銀では3,911億円の赤字，第二地銀も同じく2,802億円の赤字となった。都市銀行では2010年度に債

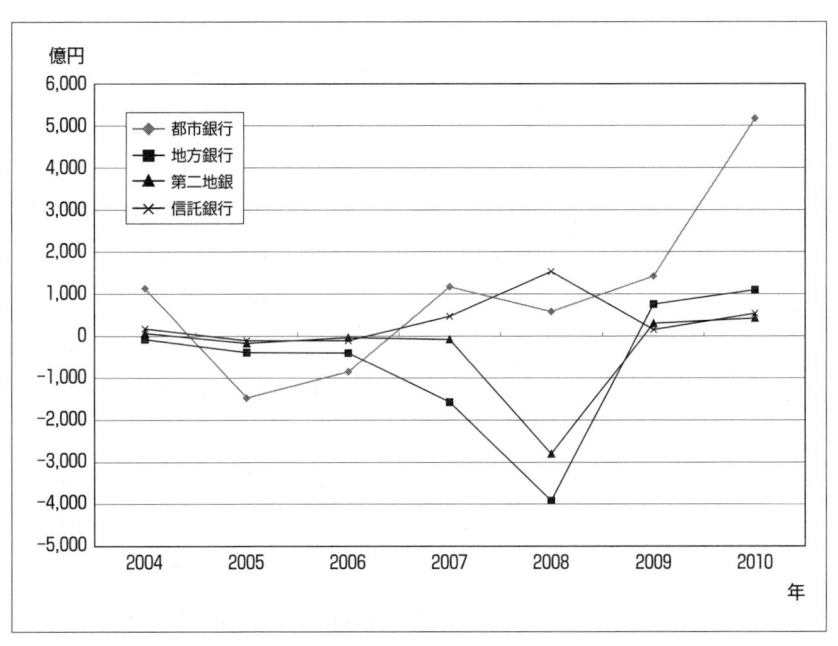

図表7－3　邦銀の業態別債券関係損益

（出所）全銀協，『全国銀行財務諸表分析』から作成。

券関係で5,168億円の黒字であり，債券関係が利益増加の大きな要因であった。

　2008年度の場合，債券関係損益については，都銀・信託が黒字，地銀・第二地銀が赤字と対照的になった。その要因としては，第一に，地銀・第二地銀での地方債，社債比率の高さがある。2008年度に，地銀では有価証券における地方債比率が14.5％へ上昇した。また社債の比率は23～25％台にあった。社債の内容として，地銀・第二地銀ともに金融債，公社公団債の比率が高い。地銀は歴史的に預金超過であり，長信銀の金融債を保有してきた。

　しかし2009年3月において地方債，財投機関債の市況は悪化した。また対国債スプレッドが上昇した。大阪府債の場合，対国債スプレッドは2009年3月には45ベーシスポイントまで上昇した。こうしたスプレッド上昇の背景としては，地方債市場に固有の流動性不足から金融危機以降投資家が地方債を敬遠したこと，欧米金融機関の信用不安と資金調達コスト上昇から地方債マーケット・メーカーが売買スプレッドを拡大させたこと，等が指摘されている。[25] このためポートフォリオにおいて地方債の比率が高い地方銀行で，多くの債券損失が発生したと見られる。しかし2009年度においても地銀による地方債保有は減少していない。これは地域金融機関の貸出難，地方自治体からの要望（ゆうちょ・かんぽの撤退）があるためと見られる。

　第二に，地銀における証券化商品への投資が指摘できる。千葉銀，常陽銀行など上位地銀での証券化商品保有と損失発生が見られた。千葉銀行では1,700億円近い証券化商品の保有が見られた。これにより300億円を超す損失が発生した。[26] 千葉銀行等では米住宅公社の住宅ローン担保証券（MBS）による損失であり，サブプライム・ローンの証券化商品ではないが，やはり損失が発生した。

　第三に，リスク管理体制がある。現在でも，地銀，第二地銀において保有債券に関するリスク管理は手薄と見られる。この点については，明確な根拠があるわけではない。しかし本稿でも後述するように，地方銀行は，都市銀行と異なり，長期金利の上昇局面でも長期国債を買い越している。相場観の問題，もしくは売買手法の問題かもしれないが，リスク管理と密接に関わる問題であろ

（3） 増加する銀行の国債保有

　地銀の証券保有は2009年度増加した。地銀の有価証券構成を見てみる。[27]
第一に，2009年度，地銀の総資産において証券比率は上昇した。2009年3月に
23.9％であったが，2010年2月には25.4％，さらに2011年8月には27.2％へ上
昇した。地方銀行では貸出難，預金超過という構造的問題がある。地域経済に
は貸出先として優良企業は少ないが，預金は一定流入してくる。すなわち地銀
では貸出が伸び悩み，資産においては証券が増加しやすい。このため有価証券
の比率が上昇しやすい。

　第二に，2008年度以降，2010年度においても地銀の国債保有は増加した。地
銀の国債保有額は2009年4月における21.9兆円から，2011年8月には31.7兆円
へ増加した。対総資産比率においても，同9.6％から13％へ上昇した。国債は
バーゼル規制でもリスクフリーであり，かつ流動性も十分にあり，地銀として
は保有しやすい。

　第三に，地方債も横ばいで推移した。有価証券に占める地方債の比率は，お
おむね14％台で推移しており，2011年8月現在，構成比として変化していな
い。地銀としては，地方債について個別で引受や保有を判断していると見られ
るが，かんぽ生命やゆうちょ銀行の引受停止もあり，地方公共団体からの保有
要望が強いと見られる。

　第四に，株式，社債は減少した。有価証券構成比において，社債は25.2％か
ら21.9％（2011年8月）に低下したが，金融債を中心に減少した。金融債の発行
終了が影響していよう。他方，株式は有価証券構成比において7.9％から4.9％
（2011年8月）へ低下した。後述するように，地銀については，現在，株式も
含め，有価証券評価損を自己資本から控除しなくともよい，こととなってい
る。従来，地域経済（企業）と地方銀行は密接であり，京セラ，任天堂，島津
製作所では京都銀行が，ヤマハ，スズキでは静岡銀行がそれぞれ大株主となっ
ている。こうして地方銀行では株式保有が大きいケースが多いが，株価が長期

的に低下する場合，売却せざるをえないと見られる。

　以上のように，地方銀行は貸出が伸び悩むなか，国債中心に有価証券を増加させている。したがって国債流通市場では，地銀など銀行は大きな買い越しの投資家と推定される。以下では，国債流通市場における銀行を見ていく。

　2009年度国債投資家別売買高動向を見ると，銀行は買い越しを継続している。国庫短期債（従来の政府短期証券，いわゆるFB，と割引短期国庫債券，いわゆるTBが統合された）を含んだベースで見ると，2009年度（2009年4月〜2010年3月）の最大の買い手は外国人投資家で，84兆円の買い越しであった。これは，外国人投資家は株式を売買する場合，予備的な日本円の運用先として，国庫短期債を利用していると推定される。[28] すなわち個人投資家が株式売買資金を一時的にMMF等で運用するのと同じく，外国人投資家は株式売買資金を一時的に国庫短期債で運用する，と見られる。外国人に次ぐ買い手の投資家は，信託銀行で，2009年度に71.8兆円の買い越しであった。信託銀行は年金や投信などの売買のため，売買金額は必然的に大きくなる。外国人と信託銀行に次ぐ買い手は，都銀・長銀であり，さらに債券ディーラーと地銀が続いた。[29]

　都銀・長銀は10月，12月のみ売り越し，他の月は買い越しである。2009年度を通じ，都銀・長銀は36兆円の買い越しであった。都銀・長銀が売り越した月は，いずれも長期金利の上昇局面であり，都銀は長期・中期債を中心に売り越している。

　地銀は2009年度で一貫して買い越し，2009年度を通じて11.3兆円を買い越している。特に地銀は10月（都銀が売り越し）には1.8兆円買い越し（長期債を1.3兆円買い越し）ている。10月は長期債金利を中心に金利上昇局面であったが，都銀が相場の順張りスタンスで対応しているのに対し，地銀は相場に関わらず一貫して買い越しで対応している。都銀と地銀では投資スタンスに差異が見られる。この点，先にも指摘したが，地方銀行の債券投資に関わるリスク管理の問題として，やや問題であろう。

　2010年度に入ると，都銀，地銀とも国債を売り越す局面が増えており，やや慎重になった可能性もある。都銀の場合，2010年4〜6月に中期債を3兆

第7章　金融危機以降の邦銀と国債保有

3,187億円,国庫短期証券を3兆214億円それぞれ売り越した。都銀は,2010年7～9月,10～12月において買い越しとなったが,2011年1～3月には中期債を7兆円近く売り越した。また地銀の場合も,2010年7～9月には,すべての年限にわたり売り越し,2兆6,000億円の売り越しとなった。都銀,地銀とも,基調としては買い越しであるが,やや増加を抑制するスタンスになっている。

都銀と地銀の投資スタンスをさらに分析するため,2009年度における都銀・地銀の年限別売買構成を見る。図表7－4は都銀と地銀について,発行年限別に国債の売買差額を見たものである。

2009年度,都銀は年間買い越し額合計36兆円であった。うち中期債が15.6兆

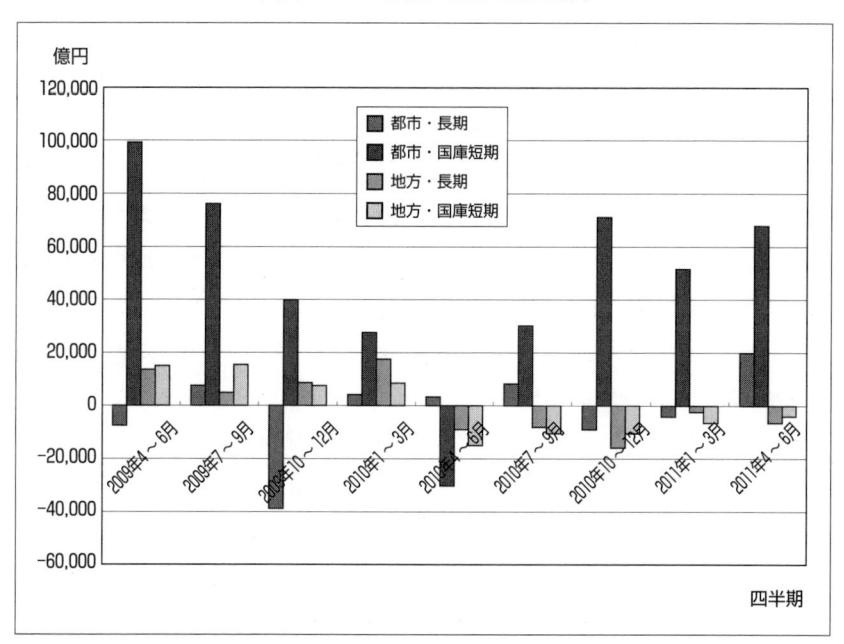

図表7－4　都銀・地銀の売買動向

(出所)　日本証券業協会ホームページから作成。
(注)　プラスは買い越し,マイナスは売り越し。

円，短期債が24.3兆円買い越しであった。逆に，長期債は3.4兆円の売り越しであり，短期・中期債中心の運用である。都市銀行が長期債を売却した月は，2009年10月に1.5兆円，また12月に1.35兆円などが目立っている。これらの月は長期債利回り（日経公社債インデックス）が上昇した月であった。長期債インデックスは9月の1.59から10月に1.69へ上昇し，また11月の1.58から12月には1.63へ上昇した。都銀は長期金利の上昇局面で長期債を売却するという順張りスタンスと見られる。

都銀の債券ポートフォリオにおいて，長期債の比率が低く，短期・中期債の比率が高いことは個別銀行でも確認できる。三菱東京ＵＦＪ銀行では国債保有残高が2008年度中間期に13.9兆円であったが，2009年度中間期には27.7兆円まで増加した。しかし残存期間別残高において，「7年超10年以下」は同時期に2.8兆円から2.5兆円に減少したが，「1年以下」は7兆円から11兆円に増加，「1年超3年以下」も2兆円から8.5兆円に増加した。[30] すなわち残存期間が長期の債券は減少し，残存期間が短期・中期の債券は増加したことになる。

一方，2009年度に地銀は同じく11.3兆円の年間買い越しであった。うち長期債が4.5兆円買い越し，中期債が1.8兆円の買い越し，短期債4.7兆円買い越しであった。都銀と比較し，相対的には長期債の比重が高い。また地銀は長期債利回りの動向にかかわらず，長期債の買い越し姿勢が強い。地銀が長期債を売り越した月（2009年度）は，9月，11月，12月であるが，9月と11月は長期債利回りが低下しており，12月だけが長期債利回りの上昇局面であった。

背景には，銀行の利鞘問題とアウトライヤー基準があると見られる。図表7－5は国内銀行の利鞘を示している。銀行の利鞘は傾向的に低下している。全国銀行ベースで，総資金利鞘（＝資金運用利回り－預金等原価）は2005年中間期に0.42％であったが，2010年決算に0.25％（2004年以降最低）まで低下した。金融緩和政策の長期化から，預金金利と同様，貸出金利も低下している。また銀行間の競争もあり，貸出金利は低下し，結果的に銀行の利鞘は縮小している。

また預貸金利鞘（＝貸出金利回り－預金等原価）は2004年中間期の0.72％から2010年決算には0.53％まで低下した。さらに有価証券利回りは2007年中間期に

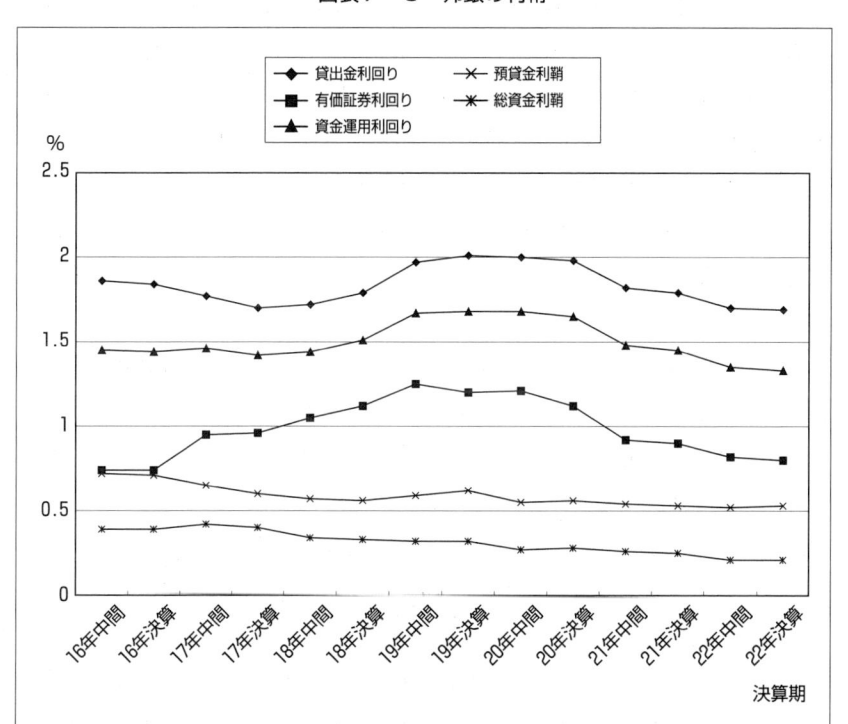

第7章 金融危機以降の邦銀と国債保有

図表7-5 邦銀の利鞘

```
[グラフ: 貸出金利回り、預貸金利鞘、有価証券利回り、総資金利鞘、資金運用利回り
 縦軸: %（0～2.5）、横軸: 16年中間～22年決算（決算期）]
```

（出所）全銀協,『全国銀行財務諸表分析』から作成。

1.25％であったが，2010年決算には0.8％まで低下した。利鞘確保のため，銀行としてはリスク管理をしつつも，より長期債運用により，運用利回り上昇をはかりたいはずである。しかし長期債での運用はリスクが高いために，リスク管理の観点からは短期債志向とならざるをえない。

　現在のバーゼル規制でも，アウトライヤー基準がある。バーゼルⅡでは，①最低所要自己資本比率，②金融機関の自己管理と監督上の検証，③市場規律といった3つの柱から成っている。第2の柱は，第1の柱の対象外となっているリスクを把握するもので，アウトライヤー基準は第2の柱に含まれる。銀行勘定の金利リスク量が自己資本（基本的項目と補完的項目の合計）の20％を超える

と，アウトライヤー基準に抵触してしまう。このため監督当局から自己資本の適切性について，指導されることとなる。[31] アウトライヤー基準については，国際基準行（都銀中心）でも国内基準行（地銀中心）でも適用される。したがってアウトライヤー基準の関係から，地銀でも10年債の地方債保有に慎重になる傾向もある。特に近年，預金金利の低下によって，定期預金の金利面での魅力が薄れ，普通預金の比重が上昇している。このため，銀行の負債の短期化が進み，資産面の残存期間（地方債は5～10年債が中心）とのミスマッチが生じている。

しかし，国内基準行（地銀中心）については，国債等その他有価証券評価損をTier1から2012年3月期決算まで控除しないことが認められている。[32] これは2008年11月に実施された，「銀行等の自己資本比率規制の一部弾力化について」という措置である。[33] このため地銀ではアウトライヤー基準による金利リスク規制はあるものの，最低所要自己資本比率の算出において，評価損を考慮しなくとも済むこととなった。一般的に，長期債は価格変動リスクが大きく，損益が大きくなる。この点で，地銀を中心として，長期債の評価損を計上しなくとも済むため，国内基準行では，長期債の比重が高くなりやすい。しかし都銀ではリスク管理（BIS規制を含む）の観点から，長期債のウエイトは抑制して，短期・中期債中心の債券運用となっている。

最後に，邦銀の国債保有を自己資本（Tier1）との関係においてみていこう。すでに第1章においても触れたように，ユーロ圏の銀行の国債保有額をコアTier1との比較において見ると，高い銀行では200～250％といった水準にあった。ユーロ圏の主要な銀行では，国債保有額の対コアTier1比率は50％未満，高くとも100％未満であった。ユーロ圏の銀行はEBAによるストレステストで，コアTier1と国債保有額が開示された。しかし邦銀の場合，国債保有額は開示されているものの，コアTier1については非開示で，Tier1で検討せざるをえない。このTier1には優先株等が含まれており，コアTier1よりも広い資本概念となる。邦銀の個別行について，国債保有の対Tier1比率を図表7－6が示している。

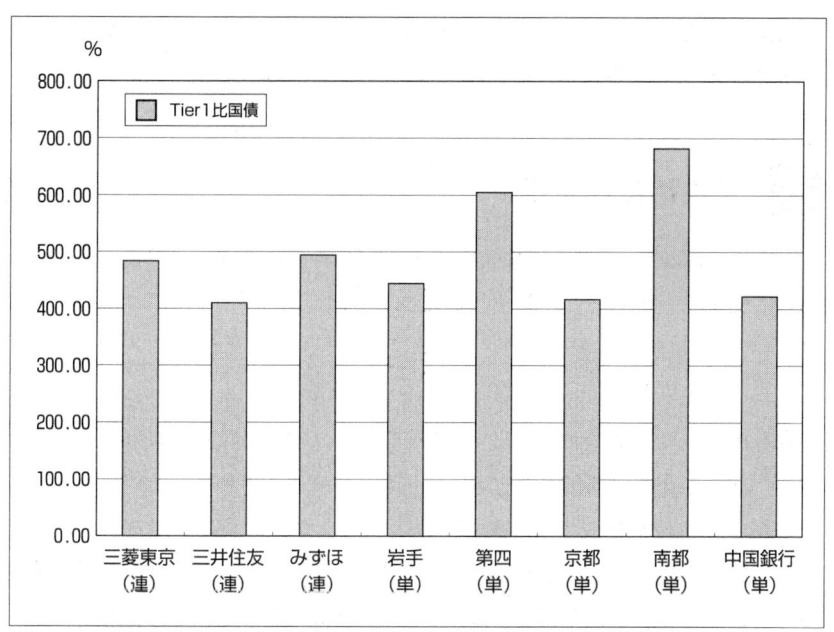

第7章　金融危機以降の邦銀と国債保有

図表7－6　Tier1比国債

```
       %
  800.00
              □ Tier1比国債
  700.00
  600.00
  500.00
  400.00
  300.00
  200.00
  100.00
    0.00
        三菱東京  三井住友  みずほ  岩手  第四  京都  南都  中国銀行
        （連）   （連）   （連）  （単） （単） （単） （単）  （単）
```

（出所）個別行ホームページ等から作成。

　メガバンクの場合，Tier1が連結ベースで公表されているため，国債保有額も連結ベースでとる必要性がある。しかし連結ベースでの国債保有額は三井住友，みずほについては開示されているが，三菱UFJについては国内債券額となっている。これにより算出したところ，三井住友が410％，三菱UFJが483％，みずほが494％となった。

　リージョナルバンク（地方銀行）については，2010年度決算で預金・証券比率が40％を超える銀行（地銀平均は約30％）を選び，算出した。いずれも自己資本比率規制は国内基準行であり，単体のTier1を分母とし，分子は単体ベースでの「国債＋地方債」とした。この結果，南都銀行（奈良）では682％，第四銀行（新潟）では604％，このほかの地銀でも400％以上となった。

　図表7－6については，Tier1により算出されており，分母がユーロ圏銀行

のコアTier1よりも大きい。しかし、それにもかかわらず、邦銀の比率はユーロ圏銀行に比べ、非常に高くなっている。仮に、日本国債の利回りが上昇することになれば、邦銀への影響はユーロ圏を超える可能性が高いと見られる。

5 まとめに代えて

　金融危機以降、とりわけ2010年に入り、邦銀の貸出は前年比で減少が続いている。大企業を中心とした企業借入減少が一因であろうが、BIS自己資本比率（バーゼル）規制で邦銀が貸出を抑制していることも影響していよう。他方で、銀行の国債保有は大幅に増加している。2009年第三四半期には、国内銀行の保有国債残高は前年同期比44.2％増となった。貸出、株式保有はバーゼル規制上、リスク資産とされるが、国債はリスクフリーとされている。

　現在、邦銀の不良債権は、歴史的には低い水準にある。しかし金融危機以降、邦銀の不良資産は債券関係の証券化商品である。2008年度決算で「国債等債券償却」等を「リスク管理債権」に加え、業務純益との関係を試算すると、2008年度は赤字であった。

　邦銀は国債保有を増やしているが、業態別では若干の相違がある。都市銀行では長期債の比率が低く、短期・中期債中心の国債保有である。しかし地方銀行では、長期債の比率が高く、中期・長期債中心の国債保有となっている。邦銀の利鞘は極めて薄くなっており、利回り上昇の観点からは、長期債が選好される。地方銀行など国内基準行については、国債評価損をTier1から控除しないことが2011年度まで認められており、その影響と見られる。同時に、邦銀の国債保有の対自己資本（Tier1）比率は高く、ユーロ圏以上に、銀行の国債保有に伴うリスクが高まっている。

第7章　金融危機以降の邦銀と国債保有

（注）
1) 日本銀行，『金融経済統計月報』，2010年3月号参照。
2) 本稿に関わる学術研究論文としては，数坂孝志，「地域銀行の決算と地域密着型金融」，『地銀協月報』，2009年3月号
3) http://www.mizuho-fg.co.jp/investors/financial/disclosure/mhfg/datahtml
4) http://www.mizuho-fg.co.jp/investors/financial/tanshin/pdf/datapdf
5) 注3に同じ。なお，2010年度決算で，みずほ銀行の貸出・業種別内訳を見ると，対政府貸出が1兆4,800億円増加で，最大の増加業種となっている。貸出残高は大幅に減少しており，対政府貸出が増加していることは注目される。
6) 『週刊金融財政事情』，2010年2月15日号参照。
7) 『週刊金融財政事情』，2010年6月14日号参照。
8) 中小企業金融円滑化法にもとづく返済猶予申請件数は，2010年1月現在で，メガバンク合計29,480件に達し，うち10,664件で条件変更が実施された。『日本経済新聞』，2010年3月18日付。
9) http://www.zenginkyo.or.jp/service/bank/open/open03.html
10) 星野一郎著，『金融機関の時価会計』，東洋経済新報社，2001年，pp242～263，および三和総合研究所，『不良債権問題の現状』，2001年5月参照。
11) 全国銀行協会，『全国銀行財務諸表分析』，平成20年度決算，p7参照。
12) 『日本経済新聞』，2009年10月31日付。『朝日新聞』，2009年12月1日付。
13) 三和総合研究所，『不良債権問題の現状（2）』，2001年9月参照。
14) 代田純編著，『金融危機と証券市場の再生』，同文舘出版，2010年を参照されたい。
15) 『金融ビジネス』2010年冬号，91ページ。
16) 『週刊金融財政事情』，2009年12月21日号，pp36～40参照。
17) 『日本経済新聞』，2010年6月23日付。
18) 大和総研，『解消に向かうのか，日本企業の株式持ち合い～株式持ち合い構造の推計：2009年版』，2010年参照。
19) http://www.tse.or.jp/market/data/sector/index.html
20) 『金融ビジネス』，2010年春号，55ページ。『会社四季報』の1～2期前との比較による。
21) 『日経ヴェリタス』，2010年6月20日号，15ページ。『日経会社情報』のⅠ期前との比較による。
22) 『日本経済新聞』，2010年3月24日付。

23) 『日本経済新聞』，2010年1月15日付。
24) http://boj.or.jp/type/release/zuiji/kako03/fss0409a.html
25) 天達　泰章，「2008年度下半期の地方債流通・発行市場の動向と共同発行債起債運営」，『地方債月報』，2009年7月号，pp20〜25参照。また同，「地方銀行による地方公共団体向け引受姿勢の変化」，『地方債月報』，2009年4月号pp 4〜15参照。地方銀行の地方債引受が証券・証書方式とも幾分抑制的になっているとし，その要因としてアウトライヤー基準（金利リスクの対自己資本比率比）等が指摘されている。
26) 代田純編著，『金融危機と証券市場の再生』，同文舘出版，2010年，pp188〜192参照。
27) 地銀については，地銀協ホームページで月次ベースのデータが公表されている。
28) 代田純編著，『金融危機と証券市場の再生』，同文舘出版，2010年，pp159〜176参照。
29) 日本ですでに長期信用銀行という業態はなくなったが，ここでは証券業協会の区分に従う。
30) http://www.mufg.jp/ir/disclosure/2009mufg/
31) 満田　誉，「地方債の引受機関としての地方銀行の現状を考える」，第18回地方財政学会報告，於青山学院大学，2010年6月20日。および江夏　あかね，『地方債の格付けとクレジット』，商事法務，2009年，135ページ参照。
32) 日本銀行，『金融システムレポート』，2010年3月，p33参照。
33) 『日本経済新聞』，2008年11月7日付。

参考文献

図書

田中素香,『ユーロ』, 岩波新書, 2010年
内田勝敏, 清水貞俊編著,『EU経済論』, ミネルヴァ書房, 2001年
鈴木武雄,『近代財政金融』, 春秋社, 1966年
植田和弘・新岡智編著,『国際財政論』, 有斐閣, 2010年
須藤時仁・斎藤美彦著,『国債累積時代の金融政策』, 日本経済評論社, 2009年
星野一郎著,『金融機関の時価会計』, 東洋経済新報社, 2001年
江夏あかね,『地方債の格付けとクレジット』, 商事法務, 2009年
Mundell, R. and A. Clesse eds, *The Euro as Stabilizer In the International Economic System*, Kluwer Academic Publishers. 2000
代田純著,『現代イギリス財政論』, 勁草書房, 1999年
代田純編著,『日本の国債・地方債と公的金融』, 税務経理協会, 2007年
代田純編著,『金融危機と証券市場の再生』, 同文舘出版, 2010年

論文

田中素香,「ドル不足とヨーロッパの金融危機」,『経済学論纂』, 中央大学, 第50巻第3・4号合併号, pp187〜210
池上 淳,「国際財政論の対象領域」,『現代財政学体系 4 現代国際財政論』, 有斐閣, 1973年
数坂孝志,「地域銀行の決算と地域密着型金融」,『地銀協月報』, 2009年3月号
天達泰章,「2008年度下半期の地方債流通・発行市場の動向と共同発行債起債運営」,『地方債月報』, 2009年7月号
同,「地方銀行による地方公共団体向け引受姿勢の変化」,『地方債月報』, 2009年4月
代田 純,「EUにおける金融危機と公的金融の復活」,『証券経済研究』, 66号, 2009年6月。
同,「世界金融危機の構図〜欧州系銀行の関与を中心に〜」,『経済学論纂』, 中央大学 2010年3月。
同,「EU通貨統合と英独の失業問題」,『世界経済評論』, 1998年11月号, pp32〜42
同,「ユーロの挑戦と成算」, 中尾茂夫編『金融グローバリズム』, 東京大学出版会, 2001年3月, pp169〜192。

同,「金融危機以降の欧州系銀行と不良債権～欧州系銀行の貸出と中東欧問題～」,『証券経済研究』,第70号,2010年6月
同,「ギリシャの財政危機と銀行の国債保有」,『証券経済研究』,第72号,2010年12月
同,「金融危機以降の邦銀と公社債投資」,『証券経済研究』,71号,2010年9月号
同,「欧州経済の現状と対日株式投資の動向」,『証券レビュー』,2010年10月号

学会報告

松澤祐介,「中東欧「危機」の構造と政策対応」,2009年秋季金融学会報告(香川大学)2009年11月

居城　弘,「金融危機下のドイツ金融システム」,2010年証券経済学会関東部会(埼玉大学)2010年2月

満田　誉,「地方債の引受機関としての地方銀行の現状を考える」,第18回地方財政学会報告(青山学院大学)2010年6月

各国中央銀行刊行物

Deutsche Bundes Bank, *Monthly Report*
Deutsche Bundes Bank, *Financial Stability Review*
Oesterreichische National Bank, *Financial Stability Report*
Magyar Nemzeti Bank, *Report on Financial Stability*
ECB, *Financial Stability Review*
ECB, *Survey on the Access to finance of small and medium-sized enterprises in the euro area*, February 16, 2010
ECB, *EU Banking Structures*
Bank of England, *Financial Stability Report*
Basel Committee on Banking Supervision, Consultative Document, *Strengthening the resilience of the banking sector*, December 2009, p4
Central Bank of Ireland, *Quarterly Bulletin*
Banco de Portugal, *Annual Report*
Banco de Portugal, *Financial Stability Report*
BIS, *Quarterly Review*

参 考 文 献

EU関係

Eurostat, *Europe in Figure, Eurostat yearbook 2010*
European Commission, *VAT Rates Applied in the Member States of the European Union*, July 1 2010
European Commission, *Enlargement Candidate Countries Turkey, EU-Turkey Relations*
European Commission to the Council and the European Parliament, *Enlargement Strategy and Main Challenges 2010-2011*
European Commission, *The Allocation of 2004 EU Expenditure by Member State*
European Automobile Manufacturers' Association, *New Passenger Car Registrations*
Commission of the European Communities, *A European Economic Recovery Plan*
European Investment Bank, *Annual News Conference 2009*
European Investment Bank, *EIB Directors approve anti-crisis measures for 2009-2010*
Ireland Revenue Commissioners, *Statistical Report 2009*

ギリシャ中央銀行・財務省

Bank of Greece, *Monetary Policy 2008-2009*, February 2009
Hellenic Republic Ministry of Finance, Public Debt Management Agency, *Issuance Calendar-Syndication and Auction Results*, http://www.pdma.gr
Ministry of Finance, *Update of the Hellenic Stability and Growth Programme, Including an Updated Reform Programme*, Athens, January 2010
Bank of Greece, *Central Government Net Borrowing Requirement on a cash basis : January-April 2010*

IMF

IMF, *IMF Country Report No.11/68*, March 2011
IMF, *Staff Report for the First Review Under the Stand-By Arrangement, Supplementary Information*, September 8, 2010
IMF, *Staff Report on Request for Stand-By Arrangement*, IMF Country Report No. 10/110, May 2010
IMF, *Staff Report on Request for Stand-By Arrangement*, IMF Country Report No. 11/175, July 2011
IMF, *IMF Country Report No. 10/209, Ireland*, July 2010

IMF, *IMF Country Report No. 10/254, Spain*, July 2010
IMF, *IMF Country Report No. 10/18, Portugal*, January 2010
IMF, *IMF Country Report No. 10/286*
IMF, *Global Financial Stability Report*
Friedrich Schneider and Dominik Enste, *Shadow Economies Around the World: Size, Causes, and Consequences*, IMF Working Paper, 2000

個別銀行出版物
Deutsche Bank, *Management Report*
Erste Group Annual Report
Bayern Landes Bank, *Group Financial Report*
Bayern Landes Bank, *Disclosure Report*
Bayern Landes Bank, *Financial Stability Forum Report*
Press Release, Dexia, 4 August, 2011

レポート等
全国銀行協会,『全国銀行財務諸表分析』各年版
参議院予算委員会調査室,『財政関係資料集』
財務省,『財政金融統計月報』
OECD, *Economic Surveys, Turkey*, September 2010
　『みずほリサーチ』, みずほ総合研究所
　『調査情報』, 三菱UFJ信託銀行
　『ニッセイ基礎研REPORT』, ニッセイ基礎研究所
　『国際経済金融論考』, ㈶国際通貨研究所
シティ・グループ証券レポート
Credit Suisse, *Fixed Income Research*
野村證券『資本市場クオーターリー』
Barclays Capital,『投資レポート』
日本銀行,『金融システムレポート』
日本銀行,『金融経済統計月報』
日本銀行,『金融市場レポート』
大和総研,『解消に向かうのか, 日本企業の株式持ち合い〜株式持ち合い構造の推計: 2009年版』, 2010年

三和総合研究所,『不良債権問題の現状』, 2001年5月
三和総合研究所,『不良債権問題の現状(2)』, 2001年9月

新聞
International Herald Tribune
Financial Times
Frankfurter Allgemeine
『日本経済新聞』

雑誌
The Economist
The Banker
『金融ビジネス』
『週刊金融財政事情』

ホームページ
Eurostatホームページ
欧州投資銀行ホームページ
金融庁ホームページ
東京証券取引所ホームページ
日本証券業協会ホームページ
三菱東京フィナンシャル・グループホームページ
ゆうちょ銀行ホームページ
かんぽ生命ホームページ

索　引

〔A～Z〕

AIG ……………………………………… 37
BBVA …………………………………… 116
BIS自己資本比率（バーゼル）規制 … 155
CDS ……………………………………… 116
CDS（クレジット・デフォルト・スワップ）
　……………………………………………… 36
CEBS（欧州銀行監督委員会）……… 98
CP ………………………………………… 156
EBA（欧州銀行監督機構）……… 98, 141
EBRD（欧州復興開発銀行）………… 40
ECBへの出資比率 ……………………… 134
EFSFの調整分担率 …………………… 134
EFSM（欧州金融安定メカニズム）… 79
IFRS（国際会計基準）………………… 18
IMF・EUの共同緊急融資 …………… 103
MBS（モーゲージ担保証券）………… 36
NATO …………………………………… 7
SWF（ソブリン・ウエルス・ファンド）… 29
UBS ……………………………………… 37
VATギャップ …………………………… 82

〔あ行〕

アイルランドの奇跡 …………………… 105
アウトライヤー基準 …………………… 170
アテネ五輪 ……………………………… 75
アルファ銀行 …………………………… 99
イールド・カーブ ………………… 87, 149
移民 ……………………………………… 111
印紙税 …………………………………… 109
インターバンク市場 ……………………… 94
インフレ率格差 ………………………… 127
エネルギー計画 ………………………… 34
欧州銀行監督委員会（CEBS）……… 145
欧州金融安定化メカニズム（EFSM）… 133
欧州金融安定ファシリティー（EFSF）… 133
欧州経済共同体（EEC）……………… 26
欧州原子力共同体（EURATOM）……… 3
欧州石炭鉄鋼共同体（ECSC）………… 3
欧州投資銀行（EIB）………………… 21
オフバランスシート …………………… 150

〔か行〕

外貨建て住宅ローン …………………… 107
外国人（非居住者）…………………… 118
カウンターパーティ・リスク ………… 149
格差是正基金 …………………………… 27
格付け機関 ……………………………… 35
カハ（Caja）…………………………… 118
カバードボンド …………………… 94, 148
カバードボンド買い取りプログラム … 135
株式益出し ……………………………… 160
株式等関係損益 ………………………… 163
加盟候補国 ……………………………… 120
環境関連融資 …………………………… 31
環境問題 ………………………………… 22
かんぽ生命 ……………………………… 167
元本返済比率 …………………………… 144
気候変動対策 …………………………… 40
北大西洋条約機構（NATO）…………… 5
既発国債の満期償還 …………………… 114
キプロス ………………………………… 89
キプロス問題 …………………………… 122
競争力格差 ……………………………… 112
業態別預証率 …………………………… 163
業務純益 …………………………… 160, 174
ギリシャ債務管理庁 …………………… 88
銀行カバードボンド …………………… 150
銀行勘定 ………………………………… 91
銀行法 …………………………………… 159
銀行免許 ………………………………… 128

183

金融再生法……………………………… 159
金利格差………………………………… 1
金利低下効果…………………………… 83
金利リスク……………………………… 141
金利リスク量…………………………… 171
クインテッル指数……………………… 11
クーポン（表面利率）………………… 77
クルド人問題…………………………… 121
クレディ・アグリコール……………… 97
グローバライゼーション……………… 8
経済・社会的格差是正………………… 33
コアTier1 ………………………… 2, 117
コアTier1比率 ………………………… 162
構造的な失業…………………………… 110
公的資本注入…………………………… 74
公務員給与……………………………… 84
公務員ボーナス削減…………………… 85
高齢化…………………………………… 104
ゴールドマン・サックス……………… 73
国債元本削減…………………………… 151
国際基準行……………………………… 172
国際金融協会（IIF）…………………… 138
国際財政………………………………… 22
国債残高の残存期間…………………… 80
国債借換リスク………………………… 131
国債のデフォルト……………………… 125
国債のデフォルト確率………………… 144
国債の満期構成短期化………………… 139
国債評価損………………………… 120, 156
国債満期償還…………………………… 100
国内基準行……………………………… 172
国民国家………………………………… 8
コソボ問題……………………………… 7
国庫短期債……………………………… 168
コメコン………………………………… 6
雇用保険………………………………… 104
コンバージェンス……………………… 28

〔さ行〕

債券関係損益…………………………… 163
最後の貸し手…………………………… 95
財政自主権……………………………… 23
最適通貨圏……………………………… 74
財投機関債……………………………… 166
債務者利得……………………………… 12
サブプライム・ローン問題…………… 31
残存期間構成…………………………… 140
サンタンデール銀行…………………… 11
資金調達（funding）リスク ………… 125
資産価格の変動………………………… 109
資産取引関連税………………………… 108
質（安全性）への逃避………………… 79
失業手当………………………………… 110
実質長期金利…………………………… 12
自動車金融子会社……………………… 39
社会保障給付…………………………… 86
弱小通貨………………………………… 127
若年・男性の失業率…………………… 111
シャドーエコノミー…………………… 2
住宅価格上昇…………………………… 25
住宅ローン……………………………… 92
住宅ローン担保証券（RMBS）……… 129
周辺国（Periphery）…………………… 19
周辺国向け貸出………………………… 141
主要レポオペ…………………………… 42, 136
純バランス問題………………………… 28
商業銀行機能…………………………… 147
商業用不動産担保証券（CMBS）…… 129
証券化商品………………………… 17, 160
証券市場プログラム…………………… 135
商工中金………………………………… 158
消費者ローン…………………………… 92
所得再分配機能………………………… 75
所得代替率……………………………… 84
新興経済成長国………………………… 121
シンジケート団引受…………………… 139

184

索　引

シンジケート方式……………………… 14, 78
真正売買………………………………… 146
ストレステスト………………………… 15
スピルオーバー………………………… 138
スプレッド（利回り格差）…………… 89
政策投資銀行…………………………… 158
政府資金調達必要額…………………… 114
総合収支………………………………… 81
ソシエテ・ジェネラル………………… 97
ソブリン・リスク……………… 87, 126

〔た行〕

対内直接投資…………………………… 24
多国籍企業……………………………… 24
多国籍銀行……………………………… 21
ダブルギアリング……………………… 162
知識集約型経済………………………… 33
地方債…………………………………… 166
地方分権………………………………… 132
中核的自己資本………………………… 15
中核的自己資本（コアTier1）……… 161
中小企業等金融円滑化法……………… 160
中小企業の振興………………………… 34
中小企業向け貸出……………………… 158
長期レポオペ…………………………… 136
徴税インフラ…………………………… 82
長短逆転………………………………… 132
貯蓄率…………………………………… 95
通貨スワップ…………………………… 73
通貨発行権……………………………… 23
テーラー・ルール……………………… 76
テール…………………………………… 77
デクシア………………………………… 16
ドイツの州銀行………………………… 142
統一アイルランド党…………………… 131
倒産隔離………………………………… 146
投資銀行機能…………………………… 147
トレーディング業務…………………… 38
ドロール・パッケージ………………… 27

〔な行〕

内外価格差……………………………… 1
南欧の財政問題………………………… 103
入札発行………………………………… 78
年金削減………………………………… 85
年金の支給基準………………………… 105
農業課徴金……………………………… 26
農業補助金……………………………… 130
農業補助金削減………………………… 29
農産物輸入課徴金……………………… 130
納税倫理………………………………… 86

〔は行〕

バーゼル（自己資本比率）規制……… 18
バーゼルⅢ……………………………… 155
売買勘定（trading book）…………… 91
パリバ・ショック……………………… 35
ヒポ・レアル・エステート…………… 99
表面利率（クーポン）………………… 113
ファンディング・ギャップ…………… 90
付加価値税の標準税率………………… 108
福祉国家……………………………… 5, 100
プライマリー・バランス（基礎的収支）
　　　　　　　　　　　　　　　　　 80
不良債権比率…………………………… 107
ヘアカット……………………………… 142
ヘッジ・ファンド……………………… 8
別荘需要………………………………… 106
ホールセール市場……………………… 16, 151

〔ま行〕

マーストリヒト条約…………………… 4
満期ミスマッチ………………………… 148
マンデル………………………………… 126
南東欧…………………………………… 90
民間の自発的負担……………………… 17
メガバンク……………………………… 158
持ち合い解消…………………………… 164

〔や行〕

優先株……………………………… 117
ゆうちょ銀行……………………… 167
ユーロの崩壊……………………… 41
ユーロバンクEFG ………………… 99
預金・貸出比率…………………… 128
預金・証券比率…………………… 129
予想インフレ率…………………… 14

〔ら行〕

リージョナルバンク……………… 173

リース販売………………………… 39
利鞘………………………………… 170
リスク管理………………………… 168
レバレッジ（借入）……………… 38
レポ金利…………………………… 76
労働コスト………………………… 112
老齢依存比率……………………… 10, 113
ローマ条約（欧州共同体を設立する条約）
　………………………………………… 4

〔わ行〕

ワルシャワ条約機構……………………5

《著者紹介》

代田　純（しろた　じゅん）

1957年	横浜生まれ
1989年	中央大学大学院博士課程満期在籍中退
1991年	㈶日本証券経済研究所大阪研究所研究員
1993年	ロンドン・スクール・オブ・エコノミクス（LSE）客員研究員
1994年	立命館大学国際関係学部助教授
1997年	ミュンヘン大学日本センター客員教授
1997年	博士（商学）
2000年	立命館大学国際関係学部教授
2002年	駒澤大学経済学部教授（現在に至る）

主要な著書

単著

『ロンドンの機関投資家と証券市場』（法律文化社，1995年）
『現代イギリス財政論』（勁草書房，1999年）
『日本の株式市場と外国人投資家』（東洋経済新報社，2002年）
『図説　やさしい金融財政』（丸善，2006年）
『新版　図説　やさしい金融財政』（丸善，2009年）

編著

『日本の国債・地方債と公的金融』（税務経理協会，2007年）
『金融危機と証券市場の再生』（同文舘出版，2010年）
『証券市場論』（有斐閣，2011年，共編）

著者との契約により検印省略

平成24年2月10日　初　版　発　行
平成24年11月10日　初版第2刷発行

ユーロと国債デフォルト危機

著　者　　代　田　　　　純
発　行　者　　大　坪　嘉　春
製　版　所　　株式会社　東　　美
印　刷　所　　税経印刷株式会社
製　本　所　　株式会社　三森製本所

| 発　行　所 | 東京都新宿区
下落合2丁目5番13号 | 株式
会社 | 税 務 経 理 協 会 |

郵便番号　161-0033　振替00190-2-187408　電話(03)3953-3301(編集部)
　　　　　FAX(03)3565-3391　　　(03)3953-3325(営業部)
URL http://www.zeikei.co.jp/
乱丁・落丁の場合はお取替えいたします。

© 代田　純　2012　　　　　　　　　　　　　　Printed in Japan

本書を無断で複写複製（コピー）することは，著作権法上の例外を除き，禁じられています。本書をコピーされる場合は，事前に日本複写権センター（JRRC）の許諾を受けてください。
　　JRRC〈http://www.jrrc.or.jp　eメール：info@jrrc.or.jp　電話：03-3401-2382〉

ISBN978-4-419-05769-5　C3033